Cours de français contemporain
Niveau d'apprentissage

ANNY KING & TIM PARKE

Senior Lecturers in French, Hertfordshire College of Higher Education

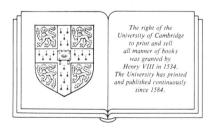

*The right of the
University of Cambridge
to print and sell
all manner of books
was granted by
Henry VIII in 1534.
The University has printed
and published continuously
since 1584.*

CAMBRIDGE UNIVERSITY PRESS

Cambridge

London New York New Rochelle

Melbourne Sydney

To the memory of John Coulson

Published by the Press Syndicate of the University of Cambridge
The Pitt Building, Trumpington Street, Cambridge CB2 1RP
32 East 57th Street, New York, NY 10022, USA
296 Beaconsfield Parade, Middle Park, Melbourne 3206, Australia

First published 1984

Printed in Great Britain at the University Press, Cambridge

Book ISBN 0 521 27129 0
Cassettes ISBN 0 521 25006 4

Cours de français contemporain – Niveau d'apprentissage
by Anny King and Tim Parke
Book
Set of two cassettes

Cours de français contemporain – Niveau approfondi
by Carol Sanders and Marie-Marthe Gervais
Book
Cassette

○○ *This symbol indicates cassette recording*

KY

Contents

Every third unit is a revision and expansion unit.

		Unit	*Communicating*	*Grammar and Usage*

1	1	**Descriptions**
		Présentation des
		  personnages
		Dans la chambre de David
		(written texts)
		Vocabulary
		
		○○ *L'appartement de Do*
		(recorded dialogue)
		Vocabulary
		Personnage célèbre
			1.1. Introducing oneself
			1.2. Describing people
			1.3. Describing one's
			  home
				1.4. Referring to the
				  present
				1.5. Referring to the past –
				  the perfect tense
				1.6. Linking two actions
				  using *en* + present
				  participle
				1.7. Using phrases with *à*
				  in descriptions
				1.8. Position of adjectives
				  – *un homme pauvre*/*un*
				  pauvre homme

24	2	**Que faire
		aujourd'hui?**
		○○ (recorded dialogue)
		Vocabulary
		
		*Informations: le Centre
		  Beaubourg*
			2.1. Greetings
			2.2. Invitations and
			  suggestions
			2.3. Offering/Ordering
				2.4. Pronouns (direct
				  object)
				2.5. Referring to the
				  future – using the
				  present tense
				2.6. *Tu/Vous*
				2.7. *On*
				2.8. Interjections (*dis,
				  tenez, allez*)
				2.9. Contrast and
				  compare:
				  savoir/connaître

40	3	**Deux pas en arrière, un pas en avant**

Travail en profondeur   ○○ *Les informations* (recorded news on Europe No. 1)
                                          from Unit 1

Le savoir-lire   *Homopilule* (newspaper article)
                                        Faites le plein en forêt (newspaper article)

A l'écoute!   ○○ *Encore des informations* (recorded news on Europe
                                        No. 1)

Acknowledgements
The authors wish to thank Professor Eric Hawkins for his advice and
encouragement and Rosemary Davidson and Amanda Ogden for their
supportive help and suggestions.

The author and publisher wish to thank the following for permission to
reproduce the following material in their copyright:
Unit 2: 'Le Centre Beaubourg', *Le Monde*; photograph of the *centre Beaubourg*,
French Government Tourist Office; Unit 5: 'Le dictionnaire des vacances', *France-
Soir*; Unit 7: 'Le déjeuner sur l'herbe' and 'Olympia', both by Manet; Photographie
Bulloz, The Mansell Collection; Unit 9: Articles 1, 2, *Le Progrès*; Unit 10: 'Un
jeune homme heureux et réaliste', *Le Monde de l'Education*; cartoons by Reiser © *Le
Nouvel Observateur*; Unit 11: cartoon, *Libération*; Unit 12: 'L'énergie nucléaire', *Le
Point*; 'Sondage', *L'Express*.

The Unit openings illustrations are by Elivia Savadier

Introduction

Who this course is for

This course has been designed for students who have already had some experience of learning French, in particular those who have studied from textbooks which were school-based, and which may have had a strong element of training for exams. We wish particularly to enable such students to revise and build on their past knowledge, by providing them with fresh material and explanations.

The course is meant to be used by students in a variety of settings and institutions, including:

- Students in Higher Education preparing for a Combined Studies degree with a French component
- Students following vocational courses in Colleges of Further Education
- Students in the first year of a two-year course leading to 'A' level and those studying for RSA and Institute of Linguists Intermediate level exams
- Students (of any age) in an evening class following an intermediate level course

Outline of the course

This course is designed to develop above all the skills of aural comprehension and oral fluency. The selection of language has been based broadly on the functional-notional principles of the *Niveau-Seuil* (Council of Europe, 1976), and the authors have put the emphasis firmly on the *use and purpose* of the French presented. Thus at the beginning of each Unit a *Focus* section highlights the purpose for which the language presented there is used. Within this functional framework, a number of themes and topics of interest are introduced, predominantly through audio material, but also through written material. Most of the language is natural spoken French, but examples of familiar French (*français familier*) and of formal French (*français soutenu*) (see Note on registers below) are also included. There is a development in the presentation of grammar from the simple to the more complex . The aim is not to provide comprehensive grammatical coverage, but to take up the points of grammar which, in the authors' experience, students have most difficulty with. Certain points are treated in stages; for example, the use of direct object pronouns precedes that of indirect and direct pronouns used together.

There are two types of Unit.

Normal Units (1, 2, 4, 5, 7, 8, 10, 11)

The majority of Units contain the following features:

Focus A short indication in English of the main linguistic items to be found in the Unit, and of their use and purpose.

Key words and phrases Words and phrases essential to a basic understanding of the text.

Material used Audio material (for example, a dialogue, always featuring David, the 18-year-old *au pair* – whose French is already quite good – or a radio recording, and/or written material (for example a contemporary newspaper article).

Vocabulary New vocabulary, presented either through an explanation in French, a synonym, or translation.

Communicating The main linguistic functions are extracted from the material and explained. These explanations are followed in the main by oral exercises.

Grammar Grammar points are explained in as simple a way as possible and tables are used where suitable. There is a grammar index at the end of the book.

Usage Explanation and practice of idioms.

Contrast and compare Study of words likely to be problematic: explanation and practice (for example, differentiating between *connaître* and *savoir*).

In *Communicating*, *Grammar* and *Usage*, **Recap** is used to introduce an explanation of which the student may already have some knowledge, either from previous study or from earlier treatment in this book; **Expansion** introduces more advanced treatment of the point.

Revision and Expansion Units (3, 6, 9, 12)
Deux pas en arrière, un pas en avant

Each of these Units revises and expands material from the preceding two Units.

The contents are as follows:

Travail en profondeur A taped or written article is exploited in a number of the following ways:
- *Multiple choice questions* for comprehension.
- *Travail autour du texte* Work on words, for example finding their equivalents, derivations, etc.
- *Travail guidé* The student uses expressions from the text in preparation for his/her own oral expression.
- *Improvisation* An open-ended exercise for oral comprehension.
- *Composition* Written consolidation of oral work.

Étude d'un mot Detailed study of a single word for which there is no single equivalent in the other language.

Le savoir-lire A written text that is exploited in various ways with the aim of fairly detailed comprehension leading to oral or written production.

A l'écoute Audio material, most often radio recordings.

In addition, Unit 12 provides an extensive dossier of contemporary material, both audio and written, with graded exercises, which help to make the links with the skills to be developed further in the second level of the *Cours de français contemporain* (the *Niveau approfondi* by Carol Sanders and Marie-Marthe Gervais).

Note on register

For the guidance of users of this book, the authors have identified three broad categories of register, which are referred to as R1, R2 and R3.

R1 applies to informal, colloquial, casual, familiar French, the language spoken amongst young people for everyday purposes (*français familier*). It is the language usually spoken at home between children and parents (though this diminishes the more highly placed people are socially), and between people who know each other well. It includes the use of short forms e.g. *je sais pas* for *je ne sais pas*, and truncated words e.g. *le ciné* for *le cinéma*.

R2 is used for standard, polite French (*français courant*) – language which is universally acceptable in every situation, and which is the language used for most broadcasting.

R3 is used for formal, official, literary French (*français soutenu*). It is the language of speeches, of quality newspapers such as *Le Monde*.

For students of this course it is important to be able to recognize R1 and R3 language, but in most of the situations in which they will be involved R2 will be the most appropriate mode of expression.

Note on diagnostic test

The diagnostic test is designed for you to work through before tackling the course. It will enable you to evaluate your own strengths and weaknesses in important areas and so use the course efficiently.

The cross-references indicate where the particular point is revised and/or expanded. You will find the answers on pages 163–4.

Diagnostic test

(The numbers in brackets refer to relevant sections of the book.)

1(a)   Complete the following sentences with *de, du, de la, de l', des* as appropriate. (1.8; 5.3)
1. Tu as . . . café?
2. Vous avez . . . thé chinois?
3. N'oublie pas d'acheter . . . essence avant de partir.
4. Ne t'inquiète pas, j'ai fait le plein . . . essence hier soir.
5. Le jardinage? Je n'aime pas faire . . . jardinage tous les jours.
6. Tu veux encore . . . nescafé? Non, merci! Je préférerais . . . thé.
7. Elle ne veut plus . . . whisky.
8. Ma sœur a acheté . . . nouveaux disques.
9. Je voudrais . . . petits pains, s'il vous plaît.
10. La plupart . . . gens pensent qu'elle a tort.
11. Bien . . . hommes sont malhonnêtes!
12. J'ai besoin . . . argent que tu me dois.

1(b)   Insert the article (*un, une*) where necessary. (7.6)
1. Elle est . . . française.
2. Il est . . . catholique.
3. C'est . . . bon dentiste.
4. Elle est . . . professeur.
5. C'est . . . drôle de fille.

2(a)   Translate the following sentences. (1.2)
1. She has blue eyes.
2. He wears brown shoes.
3. I like green.
4. This dress is light green.
5. He has silvery hair.

2(b)   Put the adjective in the correct position and make it agree with the noun when appropriate. (1.9)
1. C'est un immeuble (grand).
2. C'est une maison (neuf).
3. C'est un garçon (gentil).
4. Je n'aime pas les discours (long).
5. C'est un livre (intéressant).
6. Elle n'a jamais les mains (propre).

7. Voilà des fleurs (rouge).
8. Il habite une maison (joli, blanc).
9. Elle a quatre garçons (grand).
10. Tu es une fille (vilain).
11. C'est une enfant (intelligent).
12. C'est mon livre de lecture (premier).

3(a)   Put the verb in brackets in the correct tense. (1.5; 4.3; 5.8)
1. Hier matin je (rencontrer) ... Marie-Anne au marché.
2. Hier soir il (commencer) ... à regarder la télé à huit heures.
3. Autrefois je (manger) ... souvent au Quartier Latin.
4. C'est l'appartement que je (habiter) ... pendant des années.
5. Je (travailler) ... à la poste il y a deux ans.
6. Elle (apprendre) ... à jouer du piano depuis l'âge de six ans.
7. Je (faire) ... beaucoup d'erreurs dans ma vie passée mais rien n'est irréparable.
8. Je (être) ... au téléphone quand tu (sonner) ... à la porte.
9. Il (travailler) ... depuis 30 ans pour la même firme.
10. Quand je (être) ... jeune, je (militer) ... beaucoup.
11. Hier je (passer) ... te voir à sept heures mais tu ne (être) ... pas là.
12. Pendant longtemps je (rêver) ... de faire le tour du monde. Plus maintenant.

3(b)   Put the verb in brackets in the appropriate tense. (1.4; 2.5; 5.4; 5.8)
1. En ce moment je (écouter) ... un disque.
2. Demain nous (prendre) ... notre petit déjeuner au bar.
3. Le soleil (se lever) ... toujours à l'est.
4. Tu (être) ... libre ce soir?
5. Désolée, je (partir) ... en vacances demain.
6. Elle (habiter) ... Paris dès qu'elle (avoir) ... de l'argent.
7. Je (aller) ... peut-être à Deauville pour deux semaines cet été.
8. Je (passer) ... dès que je (pouvoir) ...
9. Dans quelques années, quand je (avoir) ... assez d'argent, je (acheter) ... une voiture.
10. Qu'est-ce que tu fais? Je (être) ... infirmière.
11. Si tu (pouvoir) ..., passe me voir ce soir.
12. Il (aller) ... au cinéma s'il a le temps.

3(c)   Complete the sentences by taking the correct verb from the right-hand column. (5.5)

1. S'il pleut, je ... chez moi.	(a) ferais
2. Viens dîner, si tu ...	(b) resterai
3. Si j'étais vous, je ne ... pas ça.	(c) ferai
4. Si je peux, je t' ...	(d) veux
5. Si j'ai le temps, je ... un tour avant le dîner.	(e) aiderai
6. Je t' ... si je le pouvais.	(f) voulais
7. Je ... si tu le voulais.	(g) aiderais
8. Si tu ..., il te donnerait tout ce que tu désires.	(h) resterais

3(d)   Using the subjunctive. (10.4)
Put the verb in brackets in the subjunctive, if required.
1. Il faut que je (partir).
2. Il se peut qu'ils (réussir).
3. Je ne crois pas qu'elle (avoir) raison.
4. J'espère qu'il (venir).
5. Je pense qu'elle (dire) la vérité.
6. Il veut qu'elle (être) instruite.
7. Elle est ravie qu'il (avoir) tort.
8. J'aimerais bien qu'il (faire) enfin quelque chose.
9. Je le répéterai jusqu'à ce que tu (comprendre).
10. Je travaille pour qu'elle (pouvoir) se reposer.

4(a)   Replace the word or words in italics by a pronoun in the following sentences
and rewrite them. (Make the past participle agree if necessary.) (2.4; 8.4;
8.5)
EXEMPLE:
J'ai rencontré *Martine*.
Je l'ai rencontrée.

1. J'ai vu *Catherine* hier.
2. Je ne parle plus *à Yves*.
3. Je n'ai pas vu *les enfants* depuis longtemps.
4. Je vais *en France* au mois d'août.
5. Il téléphone *à Do* tous les soirs.
6. Elle est sortie *du magasin*?
7. Tu as des sœurs? Oui, j'ai deux *sœurs*.
8. Tu veux encore *du thé*?

4(b)   Replace the words in italics by their pronouns and rewrite the sentences.
(Make the past participle agree if necessary.) (8.4; 8.5; 10.5)
EXEMPLE:
J'ai donné *la clef à Marc*.
Je la lui ai donnée.

J'ai donné *de la soupe aux enfants*.
Je leur en ai donné.

1. J'ai prêté *le disque à Marie*.
2. Elle ne m'a pas rendu *mes livres*.
3. Il a offert *des fleurs à ses parents*.
4. Il m'a donné *sa voiture*.
5. Je viens de retrouver *mes gants*.
6. Tu peux m'acheter *une cassette*?
7. Il n'a pas laissé passer *Geneviève*.
8. Va chercher *Eric*, il fera entrer *tes amis*.
9. Tu as vu sortir *ma sœur*?
10. Envoyez *les livres à vos parents*.
11. Donne-moi *du gâteau*.
12. Ne lui prête pas *les disques*!

4(c)   Fill in each blank with *que, qui, ce que, ce qui*, as appropriate. (4.4; 7.5)
1. Je sais . . . je veux.
2. Je ne sais pas . . . se passe dans sa tête.
3. Si elle veut réussir, elle sait . . . lui reste à faire.
4. Je vais vous dire . . . elle aimerait avoir.
5. C'est le bonheur . . . elle lui souhaite.
6. C'est la fille . . . a tué père et mère.
7. C'est la robe . . . je veux.
8. . . . tu veux, c'est précisément . . . l'agace.

5   Insert the appropriate preposition in the blanks. (1.2.4; 9.2)
1. Une table . . . bois.
2. Il a un cœur . . . glace.
3. Un moulin . . . café.
4. J'aime les tasses . . . café qui sont petites.
5. Encore une tasse . . . thé?
6. Il travaille . . . Citroën.
7. Tu aimes ma robe . . . laine?
8. Il aimerait s'acheter un manteau . . . fourrure!

6   Put the verb in brackets in the suitable form. (1.6; 10.6; 11.5)
1. Défense de (fumer).
2. Je l'ai entendu (chanter) toute la journée.
3. Il mangeait (lire son journal).
4. Sitôt (rentrer), elle prit un bain bien chaud.
5. Après (faire) les courses, nous sommes allés au café prendre un pot.
6. Frapper avant de (entrer).
7. (Être) ou ne pas (être) – là est la question.
8. (Savoir) qu'elle venait de partir, il s'en alla.
9. Elle est partie sans (dire) merci.
10. Comment (savoir) où aller?

7   Give the gender of the following nouns.

1. camion	11. beurre
2. main	12. âge
3. mode (de printemps)	13. eau
4. mode (d'emploi)	14. exemple
5. musée	15. jument
6. beauté	16. dent
7. entrée	17. langage
8. silence	18. image
9. verre	19. signe
10. sentinelle	20. poignée

8   Put in accents where necessary.

1. l'evenement	5. le roti
2. aigue	6. le cote
3. l'interet	7. la serrure
4. esperer	8. deja

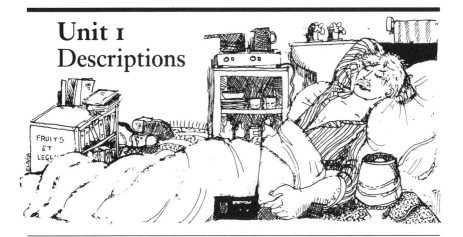

Unit 1
Descriptions

FOCUS

In this unit you revise the language for describing yourself and other people and where you live. You revise different uses of the present tense and the perfect. You also revise how to link two actions using *en* + present participle.

Présentation des personnages

David, 18 ans, est 'au pair' depuis déjà deux mois dans une famille française à Paris pour améliorer son français. La famille habite Boulevard Raspail dans un immeuble de six étages. L'appartement des Duchêne se trouve au 4ème étage. David, lui, a une chambre de bonne au 6ème. David est grand, blond, aux yeux bleus, à l'allure athlétique. Il a une moustache poivre et sel. Il est sympathique, décontracté et flegmatique. Il aime beaucoup le cinéma – surtout les films des années 40/50. Son passe-temps favori c'est de flâner dans les rues de Paris.

Eric, 19 ans, est l'ami de David. Il habite dans le même immeuble sur le même palier. Eric est plutôt petit, trapu, aux cheveux noirs bouclés, aux yeux verts, et au teint mat. Il porte des lunettes rondes. Il est étudiant en sciences à Jussieu. Il est nerveux, anxieux et assez complexé. Il préfère le théâtre au cinéma. Il adore la musique – surtout le rock. Son passe-temps favori, c'est de regarder la télévision.

Do, 20 ans, est l'amie d'Eric. Elle habite avec sa copine Régine depuis le mois de septembre dans le duplex des parents de Régine. Elle est grande et svelte aux yeux marron foncé et aux cheveux raides châtain clair. Elle est étudiante en sciences politiques et économiques. Elle est sérieuse, assez décontractée mais aussi très passionnée. Elle adore le cinéma – tout particulièrement les films d'horreur. Son passe-temps favori, c'est la natation.

1

Dans la chambre de David

Il est presque 9 heures. David est réveillé mais il paresse un peu au lit. Il allonge la main droite et met le transistor.

David se lève tout doucement. Il met sa robe de chambre. Il se dirige vers le coin gauche de sa chambre où se trouve son 'coin-salle-de-bains' – un lavabo, un miroir au dessus du lavabo et une planchette en verre où se trouvent sa brosse à dents, son dentifrice, son peigne et son rasoir.

Sa chambre est petite mais jolie. C'est une mansarde. En entrant on trouve à droite son lit. Près de son lit il y a une table de nuit et une lampe de chevet. Au pied de son lit – une descente de lit aux couleurs fanées.

A droite de son lit on trouve la 'bibliothèque' que David a construite. Il en est particulièrement fier. Il l'a faite en utilisant des cageots de fruits et de légumes ramassés chez l'épicier du coin – M. Ali.

Sous la fenêtre en pente David a mis sa table de travail. Il s'en sert aussi pour manger.

A gauche de son lavabo, on trouve également son 'coin-cuisine' – un réchaud à deux feux.

David aime bien sa chambre. Elle n'a peut-être pas tout le confort moderne mais il n'a pas, lui, à aller se laver sur le palier comme Eric!

Vocabulary

une chambre de bonne = une chambre sous les toits autrefois habitée par une bonne
il paresse au lit = il ne se lève pas tout de suite, il traîne, il fait la grasse matinée
    paresser – paresseux/paresseuse, la paresse
il met le transistor = il allume la radio
    on met (également) la télévision, la lumière
un lavabo – *a washbasin*
une planchette = une petite planche
une mansarde = une chambre sous les toits
une descente de lit = un petit tapis que l'on met près du lit
un cageot = *a (fruit/vegetable) crate*
un réchaud à deux feux – *a two-ring stove*
le confort moderne – *all mod cons*
un copain (*fam.*) = un camarade
aussi = (ici) également
sympathique = agréable, aimable
    ⚠ *sympathetic* – sympathisant
décontracté(e) – *relaxed*
nerveux/nerveuse ≠ décontracté
complexé(e) (*fam.*) = une personne qui a un complexe d'infériorité

Dialogue – L'appartement de Do

Listen carefully to Do telling Madeleine about her new flat.

Key words or phrases

apart
duplex
cuisine tout équipée
véranda

partager avec Régine
copine
j'emménage

MADELEINE	Alors, dis-moi comment est ton appart?
DO	C'est un trois pièces. Un duplex. C'est petit mais très mignon, très commode aussi.
MADELEINE	D'accord, d'accord. Décris-moi cette merveille des merveilles.
DO	Alors, voilà. En entrant, tu trouves à droite la cuisine tout équipée. Elle est petite mais il y a assez de placards, d'éléments et de surfaces de travail.
MADELEINE	Tu peux manger à la cuisine?
DO	Oui, dans le coin gauche, j'ai mis une table ronde.
MADELEINE	C'est pratique, ça!
DO	Oui. Ensuite encore à droite, il y a les toilettes. A gauche, c'est la salle de séjour. Assez grande, avec moquette et une large baie vitrée qui s'ouvre sur une petite véranda.
MADELEINE	Mais, c'est le luxe!
DO	Attends, je ne t'ai pas tout dit! La véranda est assez grande pour y manger ou s'y reposer.
MADELEINE	Quelle chance tu as, Do! Et ensuite?
DO	Alors ça, c'est le rez-de-chaussée. Au premier on trouve à gauche au fond du couloir une grande pièce – c'est ma chambre ou plutôt la chambre que je vais partager avec Régine.
MADELEINE	Régine – ta copine de fac?
DO	Oui, c'est ça. L'appartement est à ses parents qui sont pour le moment en Amérique du Sud.
MADELEINE	Ah! voilà pourquoi tu peux te payer un tel luxe!
DO	Oui, un luxe gratuit ou presque. On ne paye pas de loyer – juste les charges. Mais, je n'ai pas fini de te décrire le duplex. Alors, à gauche c'est notre chambre et à droite il y a la salle de bains – extra – toute rose!
MADELEINE	Toute rose! Mon rêve!
DO	Et puis encore à droite il y a une autre pièce plus petite – le bureau du père de Régine. Mais on n'y a pas accès. Il est fermé à clef.
MADELEINE	Et bien sûr, chauffage central.

DO   Bien sûr! C'est ce qu'on appelle un immeuble de grand standing avec garage au sous-sol, entrée marbrée (faux marbre évidemment), plantes vertes, pelouses et petit bassin.

MADELEINE   Avec des poissons rouges?

DO   Tu rêves? Il y a bien longtemps qu'ils ont crevé, les pauvres!

MADELEINE   Et combien de temps comptes-tu rester dans ce duplex?

DO   Au moins un an, peut-être plus. Ça dépend des parents de Régine.

MADELEINE   Et tu emménages quand?

DO   J'emménage dans une semaine environ. Justement, tu peux m'aider à déménager?

MADELEINE   Bien sûr, pas de problèmes. Et en échange tu m'invites à dîner?

DO   OK! C'est d'accord!

Vocabulary

l'appart (*m*) (*fam.*) = appartement
un duplex = un appartement sur deux étages
une merveille = quelque chose de magnifique, d'admirable
la cuisine équipée = une cuisine où l'on trouve la cuisinière, le réfrigérateur, et parfois même la machine à laver et le lave-vaisselle
un élément (de cuisine) – *a kitchen unit*
un placard – *a built-in cupboard*
une surface de travail – *a work-surface*
la salle de séjour = le living (autrefois 'le salon')
la moquette – *fitted carpets*
une baie = une large fenêtre
une véranda = un balcon couvert/vitré
une copine (*fam.*) = une camarade
les charges = l'eau, l'électricité et les frais d'entretien de l'immeuble
le loyer – *rent*
    louer – la location, le/la locataire
le bureau = (ici) la pièce où l'on travaille
    un bureau signifie également *a desk, an office*
le chauffage central – *central heating*
un immeuble de grand standing = un immeuble de luxe
le sous-sol – *basement*
l'entrée (*f*) – *hall*
marbré(e) = couvert de marbre
crever = mourir
    crever *used for people is* familier
juste (*adv.*) = uniquement, rien ... que
justement = précisément
la fac (*fam.*) = la faculté, l'université

⚠ *Careful!!*
déménager – *to move out*
    le déménagement – *removal*
emménager – *to move in*
aménager – *to arrange*
    Elle a bien aménagé sa chambre.

Communicating

1.1. Introducing oneself

Being able to introduce yourself to people is an important aspect of socialising.

You've just read a brief description of David and his friends Eric and Do. This was a written description to introduce to you the main characters of the course. In real life, things happen differently. Either you're being introduced to people or more commonly you have to introduce yourself to people. Let's see how it's done.

1.1.1. Recap – Being introduced to people

Informal
This is something you will know already. Eric introducing Do to David would say:
- *David, je te présente Do.*
- *Do – David.*
  or:
- *Voici Do.*

And both David and Do would respond by saying:
- *Salut!/Bonjour!*
  or:
- *Je suis content(e) de/faire ta connaissance/te connaître.*

Formal
This is how a more formal introduction might be made:
- *M. Legrand, permettez-moi de vous présenter Mme Dumas.*
- *Mme Dumas – M. Legrand.*
  or:
- *M. Legrand,* | *je vous présente Mme Dumas.*
                      | *j'ai l'honneur* |
                      | *j'ai le plaisir* | *de vous présenter Mme Dumas.*

And M. Legrand and Mme Dumas would respond by saying:
- *Enchanté, Madame!*
- *Enchantée, Monsieur!*
  or:
- *Ravi(e) de faire votre connaissance.*

1

I.I.2. Introducing oneself

Informal

Imagine that David and Do meet at a party and haven't been introduced previously. Let's see how they would introduce themselves.

DAVID *Bonjour! Je m'appelle David. Et vous?*

DO *Dominique – Do, c'est plus court.*

DAVID *Vous connaissez beaucoup de gens ici?*

DO *Pas mal. Ce sont pour la plupart des copains d'Eric.*

DAVID *Ah! vous connaissez Eric?*

DO *Bien sûr! Ah! C'est vous son copain de palier?*

DAVID *C'est ça.*

DO *Ah! Je suis bien contente de te connaître! Je peux te tutoyer, n'est-ce pas?*

DAVID *Mais certainement!*

The key phrases are:

Je m'appelle...

Je suis bien content(e) de te connaître

But another important phrase is:

Je peux te tutoyer?

Even among young people it is customary to start by saying *vous* until being invited to say *tu*.

Si on se tutoyait?

On se tutoie?

Alternatively, when he first met Do, David could have said – *David Green*.

Formal

Say M. Legrand meets Mme Dumas in the staff restaurant.

M. LEGRAND *Vous permettez que je fume?*

MME DUMAS *Je vous en prie.*

M. LEGRAND *Vous travaillez ici depuis longtemps?*

MME DUMAS *Depuis un mois. Et vous?*

M. LEGRAND *Moi aussi. Permettez-moi de me présenter. Je m'appelle Pierre Legrand.*

MME DUMAS *Catherine Dumas.*

(They shake hands.)

The key phrases here are:

Permettez-moi de me présenter. Je m'appelle...

AND they shake hands as a way to seal the new acquaintance.

Practice

1. You're being introduced to David. What would you say?

(a) Enchanté(e) de faire votre connaissance.

(b) Salut!

(c) Je suis ravi(e) de faire votre connaissance.

2. You're being introduced to M. and Mme Duchêne. What would you say?
(a) Je suis content(e) de te connaître.
(b) Ravi(e) de faire votre connaissance.
(c) On se tutoie?

3. You're being introduced to Jean-Pierre, M. and Mme Duchêne's son. What would you say?
(a) Bonjour, ça va?
(b) Enchanté(e).
(c) Salut, vieux!

4. You're introducing David to your friend. What would you say?
(a) Je vous présente David.
(b) Je te présente David.
(c) Tiens, je te présente cet idiot de David.

5. You're introducing your parents to the Duchênes. What would you say?
(a) J'ai le plaisir de vous présenter mes parents.
(b) Ça, ce sont mes parents.
(c) Et voilà mes vieux.

6. You introduce yourself to Do at a party. What would you say?
(a) Salut, je m'appelle X.
(b) Permettez-moi de me présenter, je m'appelle X.
(c) Je suis content(e) de te connaître.

7. Finally you introduce yourself to a stranger at a party where you only know the host. What would you say?
(a) Je me présente: X.
(b) Permettez-moi de me présenter. Je m'appelle X.
(c) Ravi(e) de faire votre connaissance.

1.2. Describing people

The main points to concentrate on in describing people are: age, general physical appearance, character/temperament, occupation, likes and hobbies.

1.2.1. Age – Recap

Using *avoir* in telling someone's age is something you are obviously familiar with.

David a 18 ans.   *Eric a 19 ans.*   *Do a 20 ans.*

Expansion
There are other ways of describing someone's age.
Être âgé(e) de . . .
Avoir une/vingtaine/trentaine d'années . . . (général)

$$Il/elle\ est \begin{cases} âgé(e) \\ assez\ âgé(e) \\ très\ âgé(e) \end{cases} \quad Il/elle\ est \begin{cases} jeune \\ assez\ jeune\ (vague) \\ très\ jeune \end{cases}$$

1.2.2. General physical appearance – Recap

David est grand, blond, aux yeux bleus et à l'allure athlétique. Il a une moustache poivre et sel.

Eric est plutôt petit, trapu, aux cheveux noirs bouclés, aux yeux verts et au teint mat. Il porte des lunettes rondes.

Do est grande, svelte, aux yeux marron foncé, aux cheveux raides châtain clair.

Expansion

There are a few more ways of describing people's general physical appearance.

Colouring
Il est roux/elle est rousse
Il est brun/elle est brune
NOTE *Il est blanc* and *Il est noir* usually indicate ethnic origins.

Hair
Il/elle a les cheveux :

blonds	frisés	longs
noirs	raides	moyens
châtain (clair)	bouclés	courts
châtain (foncé)		
blancs		
gris		
roux		
bruns		

NOTE *Cheveux* is always plural. When a man's hair starts to go, *il a les cheveux clairsemés.* When there's none left, *il est chauve.*

Eyes
Il/elle a les yeux :
bleus
verts
gris
marron
noirs
NOTE Compound adjectives of colour such as *châtain clair, bleu vert, bleu pâle* are invariable in French. *Marron* is also invariable.

Height
Il/elle est :
grand(e)
petit(e)
de taille moyenne

1.2.3. Character/temperament – Recap

We've come across the following descriptions:
David est sympathique, décontracté et flegmatique.

Eric est nerveux, anxieux et assez complexé.
Do est sérieuse, assez décontractée mais aussi très passionnée.

Expansion

Here are more adjectives to help you describe someone's
character/temperament.
Il/elle est:
gentil(le)
agréable
aimable
amusant(e)
charmant(e)
drôle
pas marrant(e) (fam.)
casse-pieds (fam.)/agaçant(e)
calme
actif (active)
paresseux (paresseuse)
bête
imbécile
sensible (⚠ 'sensitive')
obstiné(e)

Il/elle a l'air:
gauche
triste
heureux
timide
sûr de lui/sûre d'elle
sinistre

1.2.4. Occupation – Recap

We know that:
David est 'au pair' dans une famille française.
Eric est étudiant en sciences à Jussieu.
Do est étudiante en sciences politiques et économiques.

Expansion

Being able to 'place' someone professionally helps in the description of a
person. To find out what somebody does, you ask: *Qu'est-ce qu'il/elle fait
dans la vie?*

Occupation

Il/elle travaille <u>dans</u>:
l'industrie (la métallurgie, la sidérurgie, le textile, etc...)
l'agriculture
l'import/export

l'administration
l'enseignement
les assurances
Il/elle travaille chez Renault
Il/elle travaille à la RATP . . .
Il/elle est dans les affaires

Jobs

Il/elle est :
ingénieur
technicien(ne)
docteur
professeur
instituteur (institutrice)
ouvrier (ouvrière)
expert-comptable
fonctionnaire
employé(e) (de commerce, de bureau . . .)
agriculteur (agricultrice)
commerçant(e)

When you are out of a job it is either because you are *retraité(e)* i.e. an old-age-pensioner or because you are *chômeur/chômeuse* i.e. unemployed.

NOTE *Ingénieur, docteur, professeur, expert-comptable* are used for both men and women.

Status in industry

Il/elle est :
cadre supérieur
cadre moyen
ouvrier professionnel/ouvrière professionnelle (skilled worker)
ouvrier spécialisé/ouvrière spécialisée (semi-skilled worker)
manœuvre (unskilled worker)

1.2.5. Likes and hobbies – Recap

Saying what people like also helps to describe them. For our three characters, we know that:

David aime beaucoup le cinéma – surtout les films des années 40–50. Son passe-temps favori, c'est de flâner dans les rues de Paris.

Eric préfère le théâtre au cinéma. Il adore la musique – surtout le rock. Son passe-temps favori, c'est de regarder la télévision.

Do adore le cinéma – tout particulièrement les films d'horreur. Son passe-temps favori, c'est la natation.

The key phrases are:

Il aime beaucoup . . . Il préfère qch. à qch. . . . Elle adore . . .

And adverbs such as *surtout, tout particulièrement* are used to emphasise preferences.

Expansion

To help you describe people's likes and hobbies and also your own, here is a list of the more common ones.

Les arts	Les sports	Divers
la danse	*le football*	*la lecture*
le cinéma	*le rugby*	*la cuisine*
la musique	*le tennis*	*le crochet*
le théâtre	*le ping-pong*	*le tricot*
la peinture	*la natation*	*le bricolage*
le dessin	*l'athlétisme* (m)	*le jardinage*
la photographie	*le hippisme*	*la couture*
	l'alpinisme (m)	*la télévision*
	la marche	
	la pétanque	
	le yachting	

Practice

(a) You're talking to a friend telling him/her about the people you just met at a party. Look at the table and give a brief description of them.
Start: *J'ai rencontré un homme . . .*
or: *J'ai fait la connaissance d'une femme . . .*

	1	2	3	4
Sexe	*homme*	*femme*	*femme*	*homme*
Âge	*25 ans*	*une trentaine d'années*	*assez âgée*	*une cinquantaine d'années*
Cheveux	*blonds*	*châtain clair*	*blancs*	*chauve*
Yeux	*verts*	*noirs*	*bleus*	*gris*
Signes particuliers	*moustache*	*–*	*lunettes*	*barbe*
Taille	*grand*	*grande*	*petite*	*de taille moyenne*
Caractère/ tempérament	*sympathique charmant*	*sensible drôle*	*casse-pieds formelle*	*sûr de lui sinistre*
Profession	*technicien*	*docteur*	*professeur*	*ingénieur*
Passe-temps	*l'alpinisme le théâtre*	*la musique le crochet*	*la danse la lecture*	*le jardinage la télévision*

(b) Describe to your classmates your friend/wife/husband.

(c) Now give a description of your ideal man/woman. Start: *L'homme idéal/la femme idéale pour moi est . . .*

(d) Improvisation

One student has to describe somebody famous or somebody you all know without saying who it is. The other students have to guess who it is using these questions and any others they can think of.

C'est un homme ou une femme?
Il/elle est célèbre ou pas?
Agé(e) ou jeune?
Qu'est-ce qu'il/elle fait dans la vie?
etc.

(e) Le club des célibataires

Here's part of the *annonces classées* in the *Nouvel Observateur* – a French weekly magazine. There are five adverts put in by people who are looking for partners. Make up the ideal partner for each one of them.

Jeune femme célibataire, 30 ans, études supérieures, agréable, sensible, aimant voyager, cherche pour relation durable homme libre. Ecrire journal, réf. 892 5F. **Ingénieur** 30 ans, sympathique, beau garçon, distingué, aimant la nature, le yoga, les discussions philosophiques et religieuses, cherche compagne douce et jolie, niveau intellectuel élevé. Ecrire journal, éf. 892 7X.	**Homme** 40 ans, cadre, aimant passionnément la musique classique surtout l'opéra, l'histoire, la politique internationale, cherche belle jeune fille 35 ans, mêmes intérêts. Ecrire journal, réf. 892 5C. **Femme** 45 ans, dynamique, gaie, aimant les arts, la nature, la marche, cherche ami(e) pour sorties, loisirs. Téléphone souhaité. Ecrire journal, réf. 892 7K.	**Homme** 40 ans, célibataire, cadre supérieur, brun, grand, bien physiquement, cherche très belle femme 40–52 ans, moderne, sensuelle, raffinée. Réponse assurée si photo. Ecrire journal, réf. 892 7W.

Now write an advertisement for a partner for yourself.

1.3. Describing one's home

Describing your house/flat/room to friends is something you are quite likely to want to do. It's therefore an important thing to learn.

1.3.1. Recap

You've just come across some words and phrases used to describe David's room and Do's flat. The registers of the written description of David's room and the oral description that Do gives of her flat are rather similar.

en entrant on trouve . . .
à droite/à gauche . . .
près de . . .
dans le coin, il y a . . .
sous la fenêtre/au pied de . . .
juste en face . . .
au mur . . .

.3.2. Expansion

In order for you to describe your house/flat/room, here are a few more words and phrases to help you along.

Qualifying your description

Mon appartement est :

> *grand*
> *petit*
> *vieux/ancien*
> *neuf*
> *récent*
> *moderne*
> *confortable*
> *agréable*
> *commode/pratique*
> *facile à entretenir/nettoyer*

Advantages/disadvantages

Il est :

> *bien/mal conçu/exposé/situé/équipé*
> *beau*
> *laid/moche (fam.)*
> *calme/tranquille*
> *bruyant*

Area

Il se trouve :

> *en ville/au centre ville*
> *en banlieue*
> *en province*
> *à la campagne*
> *à la montagne*
> *dans un village*
> *au bord de la mer*

Furniture etc . . .

un lit à une place	*un tableau/une affiche*
un lit à deux places	*une étagère*
une commode	*des rideaux*
un bureau	*un secrétaire*
un buffet	*une armoire*
un miroir	*un tapis*

Practice

(a) First go back to the written description of David's room. Then draw it.
(b) Listen again to Do's description of her flat. Now describe it to your partner in French.
(c) Now describe your own home/flat/room to your partner.

1

Grammar

1.4. Referring to the present

1.4.1. Recap

Using the present tense is the commonest way of doing the following:
1. Describing people, places and things as they are now

   Il est nerveux.

2. Talking about what's happening now

   Il se dirige vers le coin gauche.

3. Referring to habitual actions

   Tous les matins je prends l'autobus numéro 13.

NOTE The key adverbial phrases often used in describing such actions:
en général, d'habitude, régulièrement, comme toujours, à chaque fois

1.4.2. Expansion

The present tense is also used in French with *depuis* to express processes or actions begun in the past but which are still continuing in the present.

> *David est au pair dans une famille française depuis déjà deux mois.*
> *Elle habite avec sa copine Régine depuis le mois de septembre.*

NOTE *the question-words that often occur with <u>depuis</u>:*
depuis combien de temps?   depuis quand?

Practice

(a) Imagine what you (or other people) would say in these circumstances. Use *depuis* in your answers.

1. Mme Arnoux rend visite à une amie, Chantal. En arrivant chez elle, elle entend jouer du piano: c'est la fille de Chantal.
   – Elle sait jouer du piano? Depuis quand?
   – ... (l'âge de cinq ans)

2. Au café, David commande un petit rouge. Eric lui demande s'il a toujours bu cela.
   – Dis, David, ...
   – ... (mon arrivée en France)

3. Vous rencontrez une amie qui a passé deux ans à l'étranger.
   – Tiens! Tu es rentrée depuis longtemps?
   – Non, je suis là ... (trois jours)

4. Do essaye de téléphoner à son oncle. Après une heure, elle réussit à l'avoir.
   – Enfin! ...
   – Ah! Mais j'étais dans le jardin.

5. On demande M. Lenoir au téléphone : vous passez quelques minutes à le chercher, puis vous en parlez à un collègue.
 – Est-ce que vous avez vu Lenoir ? Je ...

6. Vous rentrez chez vous très tard. Votre frère se penche sur la machine à laver qui émet des sons bizarres.
 – ...

(b) 'Vol à l'étalage'
Imagine what would be said in this series of incidents. Use *depuis* in your answers.

1. Il est 12h. Le détective commence à surveiller un homme qui est en train de mettre des objets dans son propre panier. 12h.30, le monsieur va sortir du magasin.
 – Monsieur ! Ouvrez votre panier, s'il vous plaît. Je ...

2. Il est 13h. On fait attendre le monsieur (un nommé Louchard) dans le bureau du Directeur. Il s'impatiente et dit qu'il a rendez-vous avec une amie (12h.40).
 – Laissez-moi partir ! J'ai rendez-vous, mon amie ...

3. Louchard est amené au poste de police où son avocat vient le voir quatre heures plus tard.
 – Alors M. Louchard, encore des problèmes ?
 – Dites-donc, c'est maintenant que vous arrivez ? Je ...

4. Le soir dans sa cellule, il bavarde avec Frank, un autre détenu.
 LOUCHARD Depuis combien de temps ...
 FRANK Depuis ... Et toi ?
 LOUCHARD Moi, ...

5. Louchard comparaît devant le Tribunal. On retrouve son dossier judiciaire qui date de 1972.
 LE JUGE Alors, M. Louchard ...

6. L'avocat de Louchard prend sa défense : il fait une dépression nerveuse (*nervous breakdown*) permanente (1971).
 AVOCAT Votre Honneur, je voudrais souligner le fait que mon client ...

1.5. Referring to the past

1.5.1. Recap
The two commonest ways of referring to the past in *français courant* are :
1. By using the perfect tense.
2. By using the imperfect tense (see 4.3).

The perfect tense
> *Il a détourné un avion.*
> *Il a promis de ne plus recommencer.*
> *Dans le coin gauche j'ai mis une table ronde.*

Elle a subi ... une opération.
Elle a donc demandé des réparations.

As you know, the perfect tense describes an action in the past that has been completed. It is the tense you will MOST OFTEN use for referring to an action in the past.

1.5.2. Expansion

1. One difficulty you may have is getting the past participles of irregular verbs right. All you can do is to learn them by heart, and practise them a lot. (See verb tables at the end of the book.)

2. Don't forget that some verbs form the perfect tense with *être* instead of *avoir*. See the following story.

Je m'appelle David Green ...

Je suis né	en 1965.
Je suis descendu	de ma chambre ce matin en courant.
Je suis allé	chez les Duchêne.
Je suis monté	dans leur appartement
où j'y suis arrivé	en retard.
Je suis entré	dans la cuisine.
J'y suis resté	toute la matinée.
A 4 heures je suis sorti	pour aller à l'Alliance française.
Je suis parti	de l'Alliance après mon cours de français
et je suis revenu	chez les Duchêne pour préparer le dîner.
A 9 heures je suis retourné	chez moi.
Je suis passé	par une petite rue sombre pour faire plus vite
et je suis tombé	dans un trou d'égoût mal éclairé.
Deux fois je suis remonté	tant bien que mal
Deux fois je suis retombé	dans le trou. A la fin, j'ai crié 'Au secours!'
	Un flic qui passait par là
est accouru,	
il est venu	au bord du trou
d'où je suis sorti	grâce à lui.
	Il m'a emmené au commissariat où j'ai passé la nuit en prison. Le lendemain matin en rentrant chez moi, j'ai trouvé un mot de Mme Duchêne 'David, vous avez oublié de remplir le bocal d'eau. Les poissons rouges
sont morts!!'	
Je suis devenu	tout rouge de honte.

NOTE Some of these verbs can take a direct object. In this case, they form their perfect tense with *avoir*:
descendre, (r)entrer, (re)monter, passer, sortir.
Compare these examples
Je suis montée dans ma chambre. J'ai monté la télévision dans ma chambre.
Je suis sorti! J'ai sorti le chien!

3. Finally remember the cases in which you must make the past participle agree.
Look at the table opposite:

Verb	Rule	Example
Forming the perfect with *être*	Past participle agrees with subject of verb	*Elle est allée à Vence.*
Forming the perfect with *avoir*	Past participle agrees with object of verb BUT ONLY when object comes before the verb	*J'ai vu son amie hier. Do? Je l'ai vue hier.*

With most verbs, you cannot hear the agreement of the past participle. But note what happens with the past participles of these very common verbs:

mettre (mis)   *Et la machine à écrire, tu l'as bien mise sur la table?*
faire (fait)   *Ce sont des notes que j'ai faites à l'école.*
dire (dit)   *La vérité? Elle l'a dite, mais personne ne l'a crue.*
écrire (écrit)   *Quelle lettre? Ah! Celle que tu as écrite hier!*
ouvrir (ouvert)   *La fenêtre? Oui, ne t'inquiète pas, je l'ai ouverte.*
prendre (pris)   *Est-ce qu'elle l'a prise ou non, sa voiture?*

Practice

(a) **Que s'est-il passé?**

Try to work out what's happened to the person in each of these situations and put together the story from the clues

EXEMPLE:

A young girl you don't know comes up to you in the street and asks you for some money for the bus.

Que s'est-il passé?

    (perdre) son porte-monnaie
    (voir) pour la dernière fois dans le métro
    quelqu'un (voler) porte-monnaie au marché
    (décider) de demander de l'argent aux passants

This is her story:

    J'ai perdu mon porte-monnaie. Je l'ai vu pour la dernière fois dans le métro. Je pense que quelqu'un l'a volé au marché. Alors j'ai décidé de demander de l'argent aux passants pour rentrer chez moi.

A vous:

Now do the same for these people.

1. A man is walking along the street late at night, staggering and singing at the top of his voice. He stops in front of the *Métro* and tries to open the gate, which is locked.

    le monsieur (entrer) au café
    (s'asseoir) à une table
    (commander) une bouteille de whisky

(boire) toute la soirée
(rater) le dernier métro

2. When you meet your friend at the end of the evening, he has a black eye (*un œil au beurre noir*).

(aller) à un meeting
vers la fin, (voir) une petite bande d'agitateurs s'approcher
ne pas (pouvoir) partir à cause de la foule
(devoir) se défendre contre les agitateurs
(y avoir) une bagarre terrible par la suite
le lendemain, (apprendre) dans les journaux
vingt-cinq personnes (être arrêté)

(b) Listen to the dialogue between Christine and Philippe. Note down all the examples of the perfect tense. Be careful about when the past participle agrees.

(c) **Improvisation**
Improvise stories based on the following sets of clues.

1. *Incident à bord d'une Caravelle*

passagers (monter) à bord de l'avion
avion (décoller)
passagers (commencer à commander) des boissons
tout d'un coup, pilote (se sentir) malade
copilote (expliquer) le cas à la tour de contrôle
(devoir) retourner à l'aéroport

2. *Le lion s'est échappé!*

gardien (ouvrir) la cage du lion
(entrer) dedans avec de gros morceaux de viande
lion (venir) vers lui comme d'habitude
gardien (jeter) les morceaux de viande par terre
lion (sauter) sur le chariot
lion (tirer) la langue au gardien
(fermer) soigneusement la porte derrière lui
(s'échapper) du zoo

3. *La balade*

bande d'adolescents (sortir) du bar
(se mettre) à flâner dans la rue
la bande (s'approcher) d'une voiture
l'un d'eux (essayer) d'ouvrir la portière
tous (monter) dedans
le chef (mettre) le contact
(faire) une balade (*to go for a ride*)

4. *Le fugitif*

très tard dans la soirée, fermier (entendre) un coup à la porte
l'(ouvrir) avec précaution
(voir) un homme en uniforme
le (laisser) entrer
l'homme (demander) à manger
(reconnaître) l'homme, mais ne rien (dire)
(aller) dans la cuisine
(chuchoter) quelque chose à sa femme
celle-ci (appeler) la police
(retourner) dans le salon avec du pain, de la viande
l'homme le (menacer) avec un couteau

1.6. Linking two actions using 'en' + present participle

En entrant, on trouve à gauche . . .
As you go in, on the left there's . . .
Il l'a faite (la bibliothèque) en utilisant des cageots de fruits.
He made it (the bookshelf) using fruit-boxes.
Je me suis brûlé en faisant la cuisine.
I burned myself doing the cooking.
En prenant le métro je suis arrivé avant elle.
By taking the *métro* I arrived before her.

1.6.1. Recap

Using a phrase consisting of *en* + present participle is a good way of
elaborating on the action described in the main verb. The participle is
invariable and always relates to the subject of the main verb:

En allant au collège, je suis tombée en panne d'essence.
(While I was) going to school, I ran out of petrol.

1.6.2. Expansion

Il a traversé la rivière en nageant.
He swam across the river.
Elle est sortie de chez elle en courant.
She ran out of her house.

In the examples above, French uses one verb (*il a traversé, elle est sortie*) to
describe the basic action, while the way the action took place (*en nageant,
en courant*) is conveyed by the adverbial phrase. It is a neat construction,
helpful to be able to use with ease.

The verbs of motion *traverser, entrer, monter* and *descendre* are frequently
combined with an adverbial phrase in this way.

1

Practice

Link the following sentences using this construction.

EXEMPLE:

On est arrivé à Paris. On est passé par Calais.

On est arrivé à Paris *en passant* par Calais.

1. Je suis sorti avec Madeleine. Je pensais à Véronique.
2. Elle m'a décrit son appart. Elle a beaucoup gesticulé.
3. Elle est montée dans sa chambre. Elle a couru.
4. J'ai décidé de ne pas l'employer. J'ai tenu compte de son passé.
5. Elle a construit des étagères. Elle a utilisé du bois blanc.
6. Je suis rentrée chez moi. J'ai découvert une inondation dans la cuisine.
7. Elle est rentrée de la soirée. Elle titubait.
8. Il a traversé Paris. Il a marché.
9. Elle a pris le train. Elle est arrivée plus tôt.
10. Ils sont passés par Calais. Ils ont économisé du temps.

Usage

1.7. Using phrases with 'à' in descriptions

Recap

In the description of David, Do and Eric, you came across the following:

> David est grand, blond, <u>aux yeux bleus</u>, <u>à l'allure athlétique</u>.
>
> Eric est plutôt petit, trapu, <u>aux cheveux noirs bouclés</u>, <u>aux yeux verts et au teint mat</u>.
>
> Do est grande et svelte, <u>aux yeux marron foncé</u> et <u>aux cheveux raides châtain clair</u>.

The use of phrases with *à* is very helpful when describing people's physical appearance. (Don't forget that *à + le* becomes *au*, *à + les* becomes *aux*.) The use of these kinds of expressions is a great help in making your language sound idiomatic.

Practice

In the sentences given below use *à la/à l'/au/aux* as required following the examples above:

EXEMPLE:

Madeleine est de taille moyenne. Elle a les yeux gris bleu, les cheveux châtain foncé, le teint clair.

Madeleine est de taille moyenne, aux yeux gris bleu, aux cheveux châtain foncé et au teint clair.

1. Régine est petite. Elle a les yeux noirs, les cheveux noirs, le teint mat.

2. M. Duchêne est grand, brun. Il a les cheveux clairsemés, il porte des lunettes rondes d'intellectuel, il a le teint basané.

3. Mme Duchêne est de taille moyenne, blonde. Elle a les yeux vert pâle, le teint maladif, les cheveux roux, un petit nez et une grande bouche qui sourit toujours.

4. Jean-Pierre, le fils des Duchêne est grand. Il a des lunettes carrées, les yeux verts, le teint mat, le menton volontaire.

5. Claire, la fille des Duchêne est petite. Elle a les cheveux blonds bouclés, les yeux marron, le teint clair.

1.8. 'Un homme pauvre' ou 'un pauvre homme'?

1.8.1. Recap

You already know that in French most adjectives come AFTER the noun – for example all adjectives of colour. This is the reverse of the English order. So:

'The White House' is *La Maison Blanche*
'The Royal Family' is *La Famille Royale*

However, there are some very common adjectives which come BEFORE the noun. These are the short adjectives (one syllable, two syllables) such as:

autre	*long* (*longue*)
beau (*belle*)	*mauvais*(*e*)
bon(*ne*)	*tel*(*le*)
gentil(*le*)	*tout*
grand(*e*)	*vaste*
gros(*se*)	*vieux* (*vieille*)
haut(*e*)	*vilain*(*e*)
jeune	*vrai*(*e*)
joli(*e*)	

Elle a un petit garçon de deux ans.
Au premier on trouve une grande pièce.
Voilà pourquoi tu peux te payer un tel luxe!

NOTE
When you put an adjective before a plural noun remember to use *de* and not *des: de beaux habits.*
The commonest exceptions to this are: *des petits pois, des petits pains, des jeunes gens, des grands ensembles.*

1.8.2. Expansion

But these short adjectives FOLLOW the noun when preceded by an adverb:
Un film incroyablement beau!
Une femme vachement jolie.
Un garçon extrêmement gentil.

Finally there is a group of adjectives that sometimes precede the noun, sometimes follow it. Their meaning changes according to their position.

ancien(ne)	*dernier (dernière)*	*pauvre*
brave	*grand(e)*	*propre*
certain(e)	*même*	*sacré(e)*
cher (chère)	*nouveau (nouvelle)*	*seul(e)*

So:

une église ancienne	an old church
une ancienne église	a building that formerly was a church
un homme pauvre	a penniless man
un pauvre homme	a wretched man
une certaine date	a particular date
une date certaine	a fixed date

Adjective	Before		Noun		After
ancien	*ancienne* (former station)	←	*gare*	→	*ancienne* (old station)
brave	*brave* (nice man)	←	*homme*	→	*brave* (brave man)
certain	*certaine* (particular date)	←	*date*	→	*certaine* (fixed date)
cher	*chère* (dear friend)	←	*amie*		
			voiture	→	*chère* (expensive car)
dernier	*dernier* (the last month)	←	*mois*	→	*dernier* (last month)
même	*même* (same day)	←	*jour*	→	*même* (this very day)
nouveau	*nouveau* (new role for that actor)	←	*rôle*	→	*nouveau* (newly created role)
pauvre	*pauvre* (poor man – unfortunate)	←	*homme*	→	*pauvre* (poor man – hard up)
propre	*propre* (own shirt)	←	*chemise*	→	*propre* (clean shirt)
sacré	*sacré* (fam.)* (damn book)	←	*livre*	→	*sacré* (sacred book)
seul	*seul* (only man)	←	*homme*	→	*seul* (lonely man)

* NOTE *Le Sacré-Cœur* is an exception.

Practice

How would you say the following in French?

1. My poor neighbour is still in hospital.
2. Last month I went to the States.
3. She bought a car with her own money.

4. He'll do it the same day.
5. That very day she had a crash.
6. He's a nice man.
7. Is that your new car?
8. She has a clean house.
9. This is an old ring.
10. She is the only woman he can bear.

Personnage célèbre

Il était grand, très grand, toujours sérieux.
Il avait l'air sûr de lui.
Il était général de brigade pendant la IIème guerre mondiale.
Il a lancé de Londres l'appel à la résistance le 18 juin 1940.
Il a été Chef de l'État d'août 1944 à janvier 1946.
Il est devenu le Ier Président de la Vème République en 1958. Il était alors âgé.
Il aimait faire des discours. Il en a fait beaucoup à la radio d'abord, puis à la télévision.
Il a démissionné en avril 1969.
Il est mort en novembre 1970.

QUI EST-CE?

Unit 2
Que faire aujourd'hui?

FOCUS

In this unit you revise the language for greetings, offering and ordering (for example, in a café), and you develop your knowledge of how to extend an invitation. You start to revise some basic points of grammar that often cause mistakes, for example use of pronouns, and you learn a number of idiomatic usages with *on*, as well as interjections (*dis*, *tenez*, for example) that help fluency in speaking.

Key words and phrases

on prend un pot?
qu'est-ce qu'on fait aujourd'hui?
si on allait à Beaubourg?

ça ne me dit rien
un petit restaurant pas cher
on pourrait aller au ciné

○○ Dialogue

(*Place St Michel. Eric et Do attendent David à la sortie du métro St Michel.*)

ERIC Il est presque midi et demi! Mais qu'est-ce qu'il fait? On l'attend depuis une demi-heure!

DO Tiens, le voilà!

(*Eric interpelle David.*)

ERIC Eh! David – on est là!

DAVID Tiens, te voilà! Salut! Ah, Dominique est avec toi. Bonjour, Do!

DO Salut, David, ça va?

DAVID Ça va, ça va. Il fait beau aujourd'hui, c'est chouette, hein?

ERIC Dis, David, pourquoi es-tu en retard? On t'a attendu pendant plus d'une demi-heure!

DAVID Oh! Tu exagères toujours! Il est à peine midi et demi.

DO Arrêtez de vous battre! Parlons plutôt de ce qu'on va faire aujourd'hui.

DAVID Tu as raison, Do. D'ailleurs tu as toujours raison.

DO On prend un pot? J'ai une soif terrible.

DAVID D'accord! Tiens, pour me faire pardonner, je vous invite au café du coin.
(*Au café*)

DAVID Restons à la terrasse. Il y a du soleil. J'ai l'intention de bronzer.

GARÇON Vous désirez?

ERIC Qu'est-ce que vous prenez?

DO Une orange pressée, s'il vous plaît.

DAVID Pour moi, un petit rouge.

ERIC Un demi, s'il vous plaît.

GARÇON (*Il crie*) Un demi, un petit rouge et une orange pressée – une!

ERIC Dis-donc David, on dirait que tu aimes le pinard, ma parole!

DO Il veut dire 'le vin'. (*Elle se tourne vers Eric.*) Eric, laisse-le tranquille et arrête de lui apprendre des mots d'argot.

DAVID Non, au contraire, j'aime ça!

ERIC Alors, qu'est-ce qu'on fait aujourd'hui?

DAVID (*Il ouvre le journal 'le Matin'.*) Tenez, écoutez ça! C'est intéressant.

* * * *

(*Un peu plus tard.*)

DAVID Dites, qu'est-ce qu'on va faire cet après-midi?

DO Si on allait à Beaubourg? Il y a tellement de choses à voir!

DAVID C'est une bonne idée. J'aimerais bien ça, je n'y suis jamais allé.

ERIC Beaubourg, ça ne me dit rien, moi. Je préférerais flâner le long des quais ... Mais, vous deux, allez donc voir cette carcasse de verre et d'acier. Moi, ça ne me dit rien.

DO Viens avec nous t'instruire un peu, tu en as bien besoin.

DAVID Allez, Eric, viens! Tu t'y connais sur Beaubourg. En tout cas, tu aimes l'architecture alors viens m'instruire, s'il te plaît.

ERIC Bon d'accord! Mais c'est par amitié pour toi uniquement que j'y vais.

DO Ça va, j'ai compris!

DAVID Et après Beaubourg?

ERIC On verra.

DO Ça vous dirait d'aller dans un petit restaurant pas cher?

ERIC Tu en connais, toi, des restaurants pas chers dans le quartier des Halles?

DO Non, pas dans le quartier des Halles. On revient ici, au Quartier Latin.

DAVID C'est une bonne idée et puis après on pourrait aller au ciné. Qu'est-ce que vous en pensez?

DO OK ça me va. Demande plutôt l'approbation de Monsieur.

ERIC Monsieur est d'accord, mais permettez-moi d'attirer votre attention sur le fait que Monsieur est un bon démocrate, et c'est pour cela qu'il se soumet à une décision majoritaire.

DO Bravo, Monsieur le Député! Vous la gagnerez, votre campagne! Quel démagogue!

DAVID Bon, c'est décidé! D'abord Beaubourg, puis restaurant pas cher et enfin ciné.

Vocabulary

R1	R2
c'est chouette = c'est super, c'est extra, c'est vachement bien	**c'est bien**
(prendre) un pot	**(prendre) un verre, une boisson**
j'ai une soif terrible	**j'ai très soif**
une fille terrible	**une fille sensationnelle**
un film terrible	**un film extraordinaire**
⚠ 'ce n'est pas terrible'	**c'est affreux!**
	flâner = marcher sans se dépêcher, sans but déterminé
le ciné	**le cinéma**
	le cinéma muet
	se soumettre à = accepter
	bronzer – *to get a tan*
	le bronzage
	l'approbation (*f.*) – *approval*
	Beaubourg = le Centre Georges-Pompidou aux Halles (*See 2.10*)

Communicating

2.1. Greetings

2.1.1. Recap

You've just seen how young people say 'hello!' to each other.

Salut!

Salut, ça va?

You know of course that this is a very informal way used among friends at any time of the day. Now let's check how to greet different people.

Practice

(Don't make a faux-pas!)

1 What do you say when you meet your 50-year-old female neighbour?

    (a) Salut, ça va?

    (b) Bonjour, madame!

    (c) Bonjour!

2 What do you say to your classmate?

   (a) Bonjour, comment allez-vous?
   (b) Salut, ça va?
   (c) Enchanté(e)!

3 What do you say to your employer!

   (a) Bonjour, monsieur!
   (b) Salut, Paul!
   (c) Bonjour!

4 What do you say to a female shop assistant on entering a shop?

   (a) Bonjour!
   (b) Salut!
   (c) Bonjour, mademoiselle!

5 And what do you say to a female shop assistant on leaving a shop?

   (a) Au revoir!
   (b) Au revoir, mademoiselle!
   (c) Salut!

6 What do you say when you go into a business meeting?

   (a) Salut, la compagnie!
   (b) Bonjour, messieurs-dames!
   (c) Bonjour, tout le monde!

7 And what do you say when you leave the meeting?

   (a) Salut, la compagnie!
   (b) Au revoir, tout le monde!
   (c) Au revoir, messieurs-dames!

8 Finally, when introduced to a person for the first time, what do you say?

   (a) Salut!
   (b) Bonjour!
   (c) Enchanté(e)!

2.1.2. Expansion

But such greetings are not enough; very often they're only an introduction.

○○ 1 Listen carefully to this typical greeting conversation.

    MADELEINE Salut, Daniel!
    DANIEL Salut, Madeleine! Ça va?
    MADELEINE Ça va bien merci. Et toi?
    DANIEL Ça va. Comment va ton mari?
    MADELEINE Ça va, ça va. Et ta femme, elle va bien?
    DANIEL Ça va bien merci. Ta petite, ça va?
    MADELEINE Oui, je te remercie, ça va. Et tes enfants?
    DANIEL Ça va, ça va. Eh bien, au revoir Madeleine. A un de ces jours!
    MADELEINE C'est ça. Au revoir! Le bonjour à ta femme!

2

2 Have you understood it?

    (a) What does Madeleine reply to Daniel's greeting *Salut, Madeleine! Ça va?*

    (b) What does Daniel reply to Madeleine's question *Et ta femme, elle va bien?*

    (c) How does Daniel bid good-bye to Madeleine?

    (d) How does Madeleine bid him good-bye?

3 Improvisation

    (a) You're meeting a friend of yours. Greet her and ask her how her husband is.

    (b) You're meeting your next-door neighbour. Greet him and ask him how his family is.

    (c) You're meeting the concierge. Greet her and ask her how M. Lepic is whom you haven't seen for at least a month!

2.2. Invitations and suggestions

2.2.1. Recap

You came across various ways of issuing invitations and making suggestions in the dialogue.
On va ...
Je t'invite à ... /Je vous invite à ...
Si on allait (à) ...
Ça te dirait de ... /Ça vous dirait de ...
On pourrait ...

Practice

Using the constructions above, make the following suggestions:

    1. go to a café
    2. have a drink
    3. go to the cinema (theatre, concert ...)
    4. go strolling along the river banks
    5. go to your place

Do this first to one friend, then to a group of friends.

2.2.2. Expansion

There are of course other ways of issuing invitations and making suggestions:

    Tu es libre ce soir?
    Si tu es libre, je t'invite.
    Qu'est-ce que tu fais ce soir?
    Tu aimerais ...?/Vous aimeriez ...?

Practice

1. Invite your friend
   (a) to go to the restaurant (café, cinema . . .) with you if he/she is free
   (b) to have a drink with you

2. Ask your friend
   (a) if he/she's got plans for the evening (tomorrow evening, next week . . .)
   (b) if he/she's free for a drink (meal) later in the evening
   (c) if he/she'd like to have a meal out or go for a stroll or go to a nightclub (*une boîte de nuit*) . . .

2.3. Offering/Ordering

2.3.1. Recap

You just read in the dialogue the following expressions for offering/ordering:

GARÇON *Oui?*

ERIC *Bon, qu'est-ce que vous prenez?*

DO *Une orange pressée.*

DAVID *Pour moi, un petit rouge.*

ERIC *Un demi, s'il vous plaît.*

2.3.2. Expansion

There are other ways of asking someone what he/she would like to drink:

Qu'est-ce que tu veux?/vous voulez?
Qu'est-ce que tu bois?/vous buvez?
Qu'est-ce que tu aimerais boire?/vous aimeriez . . .?

And other ways of ordering drinks:

Je voudrais . . .
Je prends . . .
Je prendrais bien . . .
J'aimerais . . .
Apportez-nous . . .

Practice

(a) Now using the expressions for offering and ordering you've just seen, practise in pairs how to offer someone a drink and order one.
Here are a few drinks to help you along:

un express	*une orange pressée*
un chocolat chaud	*un citron pressé*
un thé nature	*un coca-cola*
un thé au citron/un thé russe	*un Schweppes*
un thé au lait/un thé anglais	*une limonade*
un crème	*un vin blanc*
	un vin rosé

2

(b) **'Au café'**

○○ Listen carefully to this typical 'café' conversation between François and Marie-Claire.

Listen to the tape again, noting down key words and phrases.

Now see if you've understood it.

1. What does François order?

>   (a) un café au lait
>   (b) un express
>   (c) un thé au citron

2. What does Marie-Claire order?

>   (a) un express
>   (b) un thé au citron
>   (c) un thé au lait

3. What kind of sandwich does François choose?

>   (a) un jambon-beurre
>   (b) un rillettes
>   (c) un saucisson sec

4. What kind of sandwich does Marie-Claire choose?

>   (a) un jambon-beurre
>   (b) un saucisson sec
>   (c) un rillettes

5. What kind of bread does François want?

>   (a) baguette
>   (b) pain de campagne
>   (c) pain bis

6. And Marie-Claire?

>   (a) baguette
>   (b) pain de campagne
>   (c) pain bis

(c) **Role-playing**

Now play the parts of François, Marie-Claire and the waiter.

Grammar

2.4. Pronouns

2.4.1. Recap

1. *On l'attend.*
   Tu m'invites à dîner?
2. *On t'a attendu.*
   Il nous a vus au cinéma.
3. *Tu peux m'aider à déménager?*
4. *Ne l'invite pas!*
5. *Laisse-la tranquille!*

In each of the examples above, the word underlined is a direct object pronoun. They can all be used to refer to people, and *le/la/les* can also be used to refer to things.

People	People and things
me	*le*
te	*la*
nous	*les*
vous	

2.4.2. Expansion – the position of pronouns

For the English speaker the difficulty about direct object pronouns in French is their position. As you see from the examples above, in nearly every case the pronoun PRECEDES the verb it relates to. The most difficult case to remember is 3, where the pronoun comes directly before *aider* (the verb it relates to), but after *tu peux*.

Only in 5, the ordinary imperative, does the pronoun FOLLOW the verb – as in English. (See 10.5.)

Practice

(a) *Le/la/les*

Invent your answers to the following statements or questions, using one of these three pronouns.

1. Alors, Eric, tu détestes ce David?
   Au contraire, je . . .

2. Alors, ma petite, tu n'aimes plus les glaces au chocolat?
   Mais si, papa! Je . . .

3. Tu as terminé ton devoir, Michel?
   Mais non, je . . .

4. Tu ne vas pas ramener Do maintenant?
   Bien sûr! Je . . .

5. Monsieur, monsieur! Vous oubliez votre parapluie!
   Ah! là, là, quelle tête! Hier, je . . .

6. Elle l'a pris ce matin, son bain?
   Non, je te l'ai déjà dit, elle . . .

7. Donc, on ne peut pas s'acheter cette télé, chérie?
   Si, mon amour! Puisque . . ., on . . .

8. Pardon, mon commandant, est-ce que vous avez dit de lâcher les bombes?
   Comment?! Vous . . .?

9. A propos, cher ami, est-ce que cette nouvelle secrétaire a tapé ma lettre?
   Oui, justement elle vient de . . .

10. Il ne me reste plus qu'un pain bis, Madame.
    Ça ne fait rien, je . . .

(b) Use any of the pronouns from the table to complete the dialogues.

1. Véronique rend visite à un ami avec qui elle s'est querellée la veille.
   VÉRONIQUE Georges, je peux . . . voir une minute?
   GEORGES Ah! Non, ce n'est pas la peine, Véro, je ne veux plus . . . voir.
   VÉRONIQUE Mais, ne . . . parle pas comme ça! Une petite explication, c'est tout ce que je veux.
   GEORGES Ton explication, tu peux . . . garder. Moi, je trouve qu'on s'est assez vu. Tu commences vraiment à . . . agacer, Véronique.
   VÉRONIQUE OK! Tu . . . auras voulu!

2. Jean parle à Xavier à propos d'un livre qu'il lit actuellement.
   JEAN Je lis en ce moment un roman de Duras.
   XAVIER Et tu aimes?
   JEAN Ah, oui, beaucoup! Je . . . trouve même passionnant. Il est vrai que l'histoire, elle, je . . . trouve difficile à suivre, ça, il faut . . . avouer. Mais, en général je préfère que l'auteur ne . . . mène pas par la main.

3. M. Levêque frappe à la porte du bureau de son collègue. Il entre en disant:
   M. LEVÊQUE Pardon, Dambreuse, je peux . . . voir une minute?
   DAMBREUSE Non, pas maintenant! J'attends un coup de fil.
   LEVÊQUE Je n'en ai que pour une minute. Dambreuse, le projet va s'écrouler d'un moment à l'autre, ce rapport que j'ai, il faut absolument que vous . . . lisiez.
   DAMBREUSE D'accord, entrez! D'ailleurs, ce coup de fil, j'en ai marre, je . . . attends depuis une demi-heure. Je vais demander à la standardiste de . . . rappeler plus tard.

2.5. Referring to the future – using the present tense

There are three ways of referring to the future:
1. Using the present tense of *aller* with a following infinitive.
2. Using the future tense. (See 5.4.)
3. Using the present tense.

Look at these examples from Unit 1:

MADELEINE   Et combien de temps comptes-tu rester dans ce duplex?

DO   Au moins un an, peut-être plus. Ça dépend des parents de Régine.

MADELEINE   Et tu emménages quand?

DO   J'emménage dans une semaine environ. Justement, tu peux m'aider à déménager?

MADELEINE   Bien sûr, pas de problèmes. En échange tu m'invites à dîner?

DO   OK! C'est d'accord!

And look at these examples from Unit 2:

On prend un pot?

Qu'est-ce qu'on fait aujourd'hui?

On revient ici, au Quartier Latin?

Nine times out of ten you can express immediate future intentions and probable future plans, in spoken French, using the PRESENT tense.

As used in the examples above, the present tense conveys the speaker's intention and the strong probability that what he or she says will take place.

The present tense used like this is more or less interchangeable with the use of *aller* with a following infinitive: there is no real difference in meaning.

Practice

Put these suggestions into dialogue form, in everyday French.
1. Ask your friend what he's doing this evening. If he's free, invite him out.
2. Tell your colleague that you usually go to the cinema on Saturday night, but this week you're staying at home because friends are coming round.
3. Suggest to your neighbour you'll see her tomorrow morning to arrange the party you're giving together next weekend.
4. Remind your friend she'll be helping you move flat next weekend.
5. You're ringing your Dad. He tells you he can't come and see you because his car's broken down. Offer to go and collect him.
6. Your best friend invites you for dinner next week. Say you can't make it – find your own excuse!

2

Usage

2.6. Tu/Vous

Both mean 'you', as you already know, but their usage is very different.

2.6.1. Recap

Tu is informal. You saw in the dialogue that David, Eric and Do use *tu* with one another. This is customary amongst young people, as it is amongst members of a family or people who know each other well.

Vous is more formal. It is used between people who've just met, between people who know each other but are just acquaintances – not friends.

2.6.2. Expansion

NOTE By using the opposite of what's customary, you achieve a very different effect.
Using *vous* instead of *tu* is IRONICAL.
> DO *Bravo, M. le Député! Vous la gagnerez votre campagne!*

Using *tu* instead of *vous* is DEGRADING.

Policeman to North African worker (for example):
> – *Alors, Ali, tu le montres, ton permis de conduire* (driving licence)?

> Two drivers quarrelling:
> – *Alors, idiot, tu avances oui ou non?*
> – *Arrête ton vacarme! et rentre chez toi!*

Practice

(a) Choose the appropriate form of the verb in the following sentences.
EXEMPLES:
> Chérie, vous pouvez/tu peux m'aider?
> Chérie, tu peux m'aider?

> Bonjour M. Laloy, comment allez-vous/vas-tu?
> Bonjour M. Laloy, comment allez-vous?

1. Maman, je ne trouve pas mon sac. Tu sais/vous savez où il est?
2. Xavier, rentre/rentrez immédiatement! Tu vas attraper froid.
3. Mlle Desgraupes, vous pouvez/tu peux téléphoner à Filturbo pour confirmer le rendez-vous, s'il vous plaît/s'il te plaît.
4. Alors, Paris vous/te plaît? Vous comptez/tu comptes y rester longtemps, Mlle Leclerc?
5. C'est vrai ça, vous allez/tu vas au ciné seule avec Christian!
6. M. Lepic! Quel plaisir de vous/te voir! Entrez/entre et asseyez-vous/assieds-toi!
7. Excusez-moi/excuse-moi Monsieur, où se trouve la station de métro la plus proche?

8. Pardon Madame, vous pouvez/tu peux m'aider à téléphoner?
9. Chéri, fermez/ferme donc la fenêtre!
10. Alors Eric, vous venez/tu viens ou vous restez/tu restes?

(b) And now use *tu* or *vous* as appropriate.
1. Ask the waiter for a beer.
2. Ask him to bring you some more bread.
3. Ask your friend to open the door for you.
4. Ask the man you've just met if he likes London.
5. Ask your friend if she knows where your pen is.
6. Tell your friend she can call on you any time.
7. Ask a child his name.
8. Invite your friend out to the restaurant.
9. Tell your husband/wife to switch the TV on.
10. Imagine you are a shop assistant: what would you say to a customer to offer assistance?

2.7. On

2.7.1. Recap

On is used very frequently in French, but it can have a number of meanings. It can mean 'one', 'they', 'you', 'he', 'she' or 'we'.
In the dialogue, it more often refers to 'we' and the following exercise uses it only in this sense.

Practice

(a) Role-playing
1. First listen to the dialogue.
2. Listen again to the tape, noting down Do's answers.
3. Now play the part of Do.

(b) Improvisation
Now you are the one suggesting going out. Using the prompts, make suggestions.

> *Sortir ensemble*
> *Aller au restaurant/concert/cinéma*
> *Quand?*
> *Comment? (en métro/voiture ...)*
> *Et ensuite ...*

2.7.2. Expansion

On is frequently used to avoid the passive in French.

> *On l'a nommée directrice d'école.*
> (She has been appointed headmistress.)

> *On lui a offert un autre poste.*
> (He has been offered another job.)

2

Practice

How would you say the following in French?

1. He's been sold a bad car.
2. I've been given two tickets for a jazz concert.
3. She's been left penniless.
4. They've been bought a house near the coast.
5. We've been offered 1000F for this watch.
6. Have you been taken on for the job? (*embaucher*)
7. I was burgled last night! (*cambrioler*)
8. She's been made redundant, poor woman! (*licencier*)

2.8. Interjections: Dis, tenez, allez

In the dialogue you came across the following expressions:

1. *Dis, David, pourquoi es-tu en retard?*
2. *Tenez, écoutez ça!*
3. *Allez Eric, viens!*

In sentences 1 and 2 *dis*, *tenez*, are used to draw attention to what the speaker is going to say next or to reinforce it. In sentence 3 *allez* is used as an encouragement.

NOTE *Dis/dites* mostly occur when a question is being asked. Note also that *allez* is always used even where you might expect to use the *tu* form.

Practice

Add *dis/dites*, *tiens/tenez*, *allez* to the following sentences as appropriate.

1 ..., vous savez où se trouve le centre Beaubourg?
2 ..., te voilà!
3 ..., pour me faire pardonner, je t'invite au café du coin.
4 ..., David, tu aimes le pinard?
5 ..., qu'est-ce qu'on va faire cet après-midi?
6 ..., encore un petit effort et vous y arriverez!
7 ..., voilà le menu Messieurs-Dames!
8 ..., vous n'avez pas la monnaie de 100F s'il vous plaît?
9 ..., arrête de pleurer et mange!
10 ..., les voilà!

Contrast and Compare

2.9. Savoir et Connaître

2.9.1. Recap – 'Savoir'

1. To know where/what . . .
   Je sais où il est.
   Je ne sais pas ce qu'elle fait.
   Tu sais ce qui se passe?

2. To know how to – use *savoir* + infinitive
   Il sait parler aux foules.
   Il sait faire la cuisine.
   Elle sait réparer les voitures.
   Je sais nager.

2.9.2. Expansion – 'Connaître'/'savoir' + direct object

This is the area of difficulty. Let's first look at some examples. Let's start with *connaître*.

1. To know someone or something in such a way that you can identify them:
   Je le connais, c'est le frère de mon amie!

2. To know someone or something because you're familiar with it/him/her:
   Je connais bien votre sœur.
   Il connaît tes défauts.
   Je connais un petit restaurant pas cher.

And now look at these examples in which EITHER *connaître* or *savoir* can be used.

3. To know something, to know a fact:
   Il sait ses leçons par cœur. *Il connaît ses leçons par cœur.*
   Il sait tout.   *Il connaît tout.*

So we can conclude that in *français courant*, *connaître* can be used instead of *savoir* in the examples in 3 above, but you cannot use *savoir* in examples 1 and 2.

NOTE When *connaître* and *savoir* are interchangeable, using *savoir* would give more weight or emphasis to one's utterance.

Practice

And now use *connaître* or *savoir* as appropriate in the following sentences:

1. Tu . . . où se trouve le Panthéon?
2. Elle . . . la Tour Eiffel.
3. Tu . . . parler aux femmes, toi!
4. Alors, qui . . . un bon film à voir?

5. Non, je ne . . . pas de Gaulle maiś je . . . qui il est.
6. Hitler? . . . pas!
7. C'est une fille formidable! tu la . . . ?
8. Mais je le . . .! Je l'ai vu hier soir.
9. Vous ne . . . pas quel dessert prendre?
10. Je la . . . , mais je ne . . . pas ce qu'elle fait dans la vie.
11. Toi qui . . . toujours tout, tu ne . . . même pas Bergman.
12. Je . . . cette fille mais je ne . . . pas son nom.

Informations

Le Centre Beaubourg

La plupart des touristes qui visitent Paris vont voir le Centre Beaubourg, cet immense bâtiment futuriste au cœur de la ville. C'était Georges Pompidou, alors Président de la République, qui avait formé le projet d'un centre culturel qui serait à la fois un musée et une bibliothèque.

Le Centre a été inauguré en janvier 1977. Il réunit une bibliothèque, des salles d'expositions temporaires, une cinémathèque, le musée national d'art moderne et un Centre de Création Industrielle. Depuis son ouverture, il reçoit environ 20000 visiteurs par jour: on en avait prévu 7000 au début.

L'affluence est souvent si grande qu'on est obligé de marcher assez rapidement dans les salles d'exposition (au lieu d'y flâner), ce qui empêche les gens de bien examiner les œuvres d'art. La bibliothèque, considérée comme le cœur du bâtiment, est immense. Son type de fonctionnement est tout à fait nouveau en France: tous les livres sont accessibles au public, et on n'a même pas besoin de remplir une fiche pour les consulter. Ce 'libre-service' a sans doute été un facteur de succès. Mais il ne s'agit pas uniquement de livres. Il y a un laboratoire audio-visuel où l'on peut utiliser des disques, des diapositives et des cassettes. Naturellement, on reconnaît quelques inconvénients: le manque de chaises, le bruit, le classement difficile à lire ou à comprendre, entre autres.

Il faut tout de même constater que beaucoup de gens visitent le Centre Beaubourg surtout pour en apprécier l'architecture, un 'cœur de fer dans un environnement de vieilles pierres'. Ses architectes, Piano et Rogers, ont résolu un problème difficile: comment assurer, sur un site restreint, un maximum d'espace à l'intérieur du bâtiment? Leur solution a été de laisser à l'extérieur l'escalier mécanique (seul moyen de passer d'un étage à un autre), les grands tuyaux du système de chauffage, etc. En empruntant donc l'escalier mécanique accroché sur la façade, on a pendant l'ascension une vue magnifique du paysage urbain parisien (adapted from *Le Monde*).

* Le Centre Georges-Pompidou est ouvert tous les jours de 12 heures à 22 heures, et de 10 heures à 22 heures les samedi, dimanche et jours fériés. Fermé le mardi.

Unit 3
Deux pas en arrière, un pas en avant

Travail en profondeur

○○ (a) Listen carefully again to the first item of the morning news that you heard in Unit 1. Spot these key words as they come up:

> *un pirate de l'air*
> *détourner un avion*
> *se procurer de l'argent*
> *le Tribunal de Lisbonne*
> *relâcher*

(b) Now see if you have understood the news item.
1. What is the time given on the radio?

    (a) 9h 1mn 30s
    (b) 9h 1mn 13s

2. What did the hijacker do?

    (a) Il allait détourner un avion portugais.
    (b) Il a détourné un avion portugais.

3. What was his age?

    (a) 16 ans
    (b) 13 ans

4. What was his motive?

    (a) l'argent
    (b) le plaisir

5. What was the court's verdict?

    (a) On l'a relâché.
    (b) On l'a emprisonné.

6. What did the hijacker promise?

    (a) Il a promis de recommencer.
    (b) Il a promis de ne plus recommencer.

(c) Travail autour du texte

1. Now give the French for:

   (a) a hijacker
   (b) to hijack a plane
   (c) to promise

   (d) to arrest s.o.
   (e) to get some money
   (f) very upset

2. Find in the text another French word for:

   (a) essayer
   (b) acquérir

   (c) prendre en considération
   (d) libérer

3. Give the French noun derived from these verbs:

   (a) détourner
   (b) arrêter

   (c) procurer
   (d) promettre

4. Give the French word which is the opposite of the following:

   (a) effondré
   (b) relâcher

   (c) tenir compte de
   (d) peu de

(d) Pratique

Now retell to a friend the story of the hijacker you've just heard on the news.

(e) Now listen to the second item of news from Unit 1. Spot these key words as they come up:

   subir une opération
   en dépit de
   demander des réparations
   rejeter une requête
   contradiction flagrante
   rembourser
   faire appel

(f) Answer in French the following questions:

   1. Quel genre d'opération a subi la jeune femme?
   2. Il y a combien de temps?
   3. Et pour quelle raison?
   4. Que s'est-il passé par la suite?
   5. Qu'a décidé le Tribunal de Rouen?
   6. Pourquoi y-a-t il contradiction flagrante?
   7. Qu'a décidé de faire la jeune femme?
   8. Que pensez-vous d'un tel incident?

(g) Now retell the story using the key words given above.

3

(h) **Travail autour du texte**

1. Find at least three words related to each of the following words taken from the text (use a dictionary if necessary).

EXEMPLE:

opération – opérer, opérateur (-trice), opérationnel

(a) stérilisation   (c) rejeter   (e) rembourser

(b) réparation   (d) légal   (f) contradiction

2. Now put each word in a context DIFFERENT to the one given in the dictionary.

EXEMPLE:

opérer: Le chirurgien opère tous les lundis.

opérateur: Il travaille comme opérateur aux P. et T.

opérationnel: Bientôt toutes nos machines seront opérationnelles.

(i) **Composition écrite**

You're a reporter on a French magazine. Write an article (150 words) about the hospital story you've just heard. Embellish the story, adding details.

Le savoir-lire

'Homopilule'

Le Symposium médical chinois sur le contrôle des naissances, qui s'est tenu en décembre dernier, a recommandé l'utilisation de la pilule pour homme et de la vasectomie, afin de faire face à la démographie galopante de la Chine. La stérilisation masculine rencontre une assez forte réticence; par contre les contraceptifs oraux pour homme et notamment le 'Gossypol', substance recueillie dans la graine de coton, sont déjà en usage. Selon des rapports basés sur 10 000 cas cliniques, ce contraceptif serait fiable à 98,62%; les hommes suspendant son utilisation retrouvent rapidement leur fertilité antérieure.

(a) Look at the text more closely and see how you can tackle it by doing quite a bit of word-guessing. The first obvious step is to make:

     1. A list of words almost the same as in English.

     2. A list of words quite similar to the English.

     3. A list of the rest.

(b) Now look at the first paragraph.

     1. Words almost the same as in English.

le symposium médical (chinois)	*l'utilisation*
le contrôle	*la vasectomie*
décembre	*la démographie*
a recommandé	

Having done so, you will have understood that the (Chinese) Medical Symposium on the control of something (noun) happened last December. It recommended the utilisation (use) of something (noun) for men and vasectomy in order to something (verb) demography in China.

2. Words quite similar to the English.

> *la pilule*
> *(faire) face (à)*
> *galopante*

La pilule – quite close to 'pill'. But suppose you still can't guess it, you have other ways of working it out. It is near vasectomy in the sentence and it's something to do with demography.

Faire face à – you know it's a verb you need because it follows *afin de* and also you know *faire*. So *faire face* – 'to face'? Try it.

Galopante – very close to English 'gallop'. It should give you the idea of something fast.

3. Other words

Naissance – that is the only word you might still not understand. But guessing at the words can only start you on the correct path, you have then also to use your common sense and what you already know – in this case about China. More precisely here about China and her population.

Well, it's common knowledge that China's population is huge and is increasing alarmingly. That should give you a clue as to what control is being referred to here – birth control. So you conclude that *naissance* means 'birth'.

By now you've understood everything. So the first paragraph reads as follows:

The Chinese Medical Symposium on birth control held last December recommended the use of the pill for men and of vasectomy, in order to (face) deal with the (galloping demography) population explosion in China.

(c) Now you do the same for the second paragraph of the article before tackling the following questions.

> 1. How is male sterilisation viewed by Chinese men?
> 2. What kind of birth control is currently used there?
> 3. How effective is this oral contraception?
> 4. What happens when you stop taking the pill?

To make your work easier, here are the key words you should concentrate on:

la stérilisation masculine	*rapport*
forte réticence	*10 000 cas*
par contre	*fiable*
les contraceptifs oraux	*suspendant*
en usage	*(ils) retrouvent*
	la fertilité antérieure

3

(d) Match the word in column 1 below with its nearest equivalent in column 2.

1	2
(a) recommander	conseiller obliger
(b) faire face à	régler surmonter
(c) démographie	habitants population
(d) être en usage	être utile être utilisé
(e) fiable	sûr efficace
(f) suspendre l'utilisation	arrêter totalement arrêter temporairement
(g) selon	à travers d'après
(h) fertilité antérieure	fertilité de jeunesse fertilité d'autrefois

(e) To help you tell the *Homopilule* story to your friend, match up the sentences in column 2 below (*français courant* – R2 – the style you would want to adopt) with those in column 1 (*français soutenu* – R3 – the style of the original article).

R3	R2
1. Le Symposium médical chinois a recommandé l'utilisation de la pilule pour l'homme	(a) Les Chinois n'aiment pas se faire stériliser
2. afin de faire face à la démographie galopante de la Chine	(b) on utilise couramment la contraception par voie orale
3. la stérilisation masculine rencontre une assez forte réticence	(c) les docteurs en Chine ont conseillé aux Chinois de prendre la pilule
4. les contraceptifs oraux sont déjà en usage	(d) quand ils arrêtent de prendre la pilule, ils sont à nouveau fertiles
5. les hommes suspendant son utilisation retrouvent rapidement leur fertilité antérieure	(e) parce qu'il y a trop de naissances en Chine

And now tell the story to your friend.

(f) Some words would be worth remembering since they have a more general application. Here's a list of them for you to learn.

le contrôle (des naissances, des billets, des passeports)
recommander (un vin, un hôtel . . .)
par contre
être en usage (opposite – être hors d'usage)
selon = d'après
faire face à (un problème, un danger, des responsabilités, une obligation)

(g) Find another title for this article.

44

'Faites le plein en forêt'

Le Prix Nobel américain de chimie, M. Calvin, vient de découvrir qu'en Amazonie, le carburant pousse sur les arbres, et en particulier sur le Cobaifera langsdorfi.

Tous les six mois, les Indiens font un trou de cinq centimètres sur un tronc dont la circonférence atteint un mètre; ils peuvent ainsi récolter 15 à 20 litres d'hydrocarbure. Calvin a montré que le 'jus' récolté pouvait être directement versé dans le réservoir des voitures.

(a) Use the same technique of word-guessing as you've done for the *Homopilule* article to find what this one is about.
(b) Now check how much you've understood.
　　1. What did the American Nobel prize winner for chemistry, Calvin, discover?
　　2. What do the Indians of Amazonia do every six months?
　　3. How much hydrocarbon can they get?
　　4. What can be done with it according to Mr Calvin?
(c) Now find in the text the French equivalents for these English terms:
　　1. Nobel Prize for chemistry　　6. to cut a hole
　　2. to discover　　7. a trunk
　　3. to grow　　8. to collect
　　4. particularly　　9. to pour
　　5. every six months　　10. a tank (petrol)
(d) And now tell your friend about this article you've just read. Here are a few prompts to help you.
　　　J'ai lu ..., il s'agit de carburant ...
　　　Il paraît que tous les six mois ...
　　　Les Indiens récoltent ..., Calvin a prouvé que ...

∞ A l'écoute

(a) Listen carefully to the tape. Spot these key words as they come up:
　　un automobiliste
　　une collision
　　pas de victime
　　ivre
(b) Now choose the right answer.
　　1. Where did the driver come from?
　　　(a) Thionville
　　　(b) Metz
　　2. What exactly did he do?
　　　(a) Drove in the wrong direction.
　　　(b) Drove in the fast lane.
　　3. How many kilometres did he drive?
　　　(a) 13
　　　(b) 30

3

4. What did the other cars do?
   (a) Flashed their lights.
   (b) Switched on their lights.
5. What happened finally?
   (a) There was an accident.
   (b) There was no accident.
6. How many people were injured?
   (a) None.
   (b) Two.
7. How was the driver?
   (a) Utterly drunk.
   (b) Quite sober.

(c) And now write down the French for:

1. a driver	5. an accident
2. a motorway	6. to drive
3. a direction	7. fortunately
4. finally	8. drunk

(d) Now, listening to the tape, correct this account of the incident that appeared in *L'Est Républicain* and find a headline for it.

Un motocycliste de Metz a parcouru ce matin cinquante km dans le mauvais sens sur la départementale Metz- Thionville. Grâce aux appels de phares des voitures qui l'ont croisé, il s'est arrêté. Il a eu finalement une collision avec un camion qui roulait dans le bon sens. Il y a eu plusieurs victimes. Le motocycliste était légèrement ivre!

Unit 4
Témoins!

FOCUS

In this unit you develop techniques for describing an event, including correcting yourself. You're given more practice in using past tenses, especially the imperfect. You also revise the use of relative pronouns (*qui*, *que*).

Key words and phrases

témoins
un établissement bancaire
ils sont armés

tirer des coups de feu
ils ont disparu
la police interroge les témoins

⊙⊙ Dialogue

En route pour le Centre Beaubourg, David, Eric et Do sont les témoins d'un hold-up contre un établissement bancaire.

ERIC Dites, c'est encore loin Beaubourg?

DO Arrête de grogner et avance!

DAVID Tiens, regardez ces deux hommes tout en noir, ils ont l'air sinistres.

DO Sinistres et pressés.

ERIC Mais, ils sont fous, ils traversent la rue sans regarder.

DAVID Mais, ma parole, ils sont armés!
(On entend des coups de feu.)

DO Et ils tirent! Couchez-vous à plat ventre, vous deux! Eric, à quoi penses-tu? Couche-toi, donc!
(Quelques instants plus tard, la police est sur les lieux et interroge les témoins du drame.)

LE POLICIER Je commence d'abord par vous trois. Racontez-moi dans les moindres détails ce que vous avez vu ou entendu.

DO On allait en direction de Beaubourg et on venait de tourner le coin de la rue quand soudain on a vu deux hommes traverser la rue dans notre direction.

DAVID Tu oublies quelque chose, Do. Ces deux hommes étaient tout en noir, ce qui a attiré mon attention et ils avaient l'air sinistres.

ERIC Si j'ai bonne mémoire, je crois qu'on tournait le coin de la rue quand on a entendu des coups de feu.

LE POLICIER Alors, je récapitule. Vous avez vu deux hommes tout en noir qui traversaient la rue en courant dans votre direction. Ils avaient l'air sinistres et pressés et vous avez également entendu des coups de feu.

DO C'est exact. Alors on s'est plaqué à plat ventre.

LE POLICIER Et ensuite?

ERIC Rien. Ensuite, ils ont tourné le coin de la rue et ils ont disparu.

DO Et vous êtes arrivés. Voilà, c'est tout.

LE POLICIER Vous n'avez rien remarqué d'autre? Essayez de vous rappeler, le moindre détail peut être capital.

ERIC Euh . . . Je crois me rappeler qu'ils sont sortis de la banque à toute vitesse.

DO Evidemment, patate, ils n'allaient tout de même pas traîner après leur attaque.

DAVID Je crois bien qu'en fait ils étaient trois mais deux seulement sont venus dans notre direction.

LE POLICIER Effectivement le troisième a été maîtrisé par un garde en sortant de la banque. Pouvez-vous me donner une description des deux hommes?

DAVID Comme je l'ai déjà dit, ils étaient tout en noir – pantalon noir, pull noir ou peut-être veste noire, cagoule noire et gants noirs.

DO L'un était grand, l'autre de taille moyenne.

ERIC Je crois que le plus petit des deux portait des lunettes noires.

DAVID Les deux portaient des lunettes.

ERIC Ah, bon? Moi, je n'ai vu qu'une paire de lunettes.

LE POLICIER Nous avons retrouvé des lunettes noires sur la chaussée. Dans sa précipitation, l'un des gangsters a dû les perdre. Avez-vous remarqué autre chose?

DAVID Non, rien d'autre.

LE POLICIER Veuillez passer demain – dans la matinée – pour signer votre déposition.

(*Au commissariat de police le lendemain matin.*)

LE POLICIER Tenez, lisez votre déposition, puis signez-la!

DO Je crois me souvenir d'un détail. Il me semble que l'un des deux hommes boitait car il courait d'une drôle de façon.

LE POLICIER Précisez, voulez-vous.

DO Je ne sais pas comment expliquer mais il courait en sautant ou plus exactement il sautillait en courant, si vous voyez ce que je veux dire – un peu comme un canard, ce qui était drôle.

LE POLICIER D'après vous, il boitait de quel pied?

DO Du gauche . . . ou plutôt du droit puisqu'il me faisait face.

LE POLICIER Bonne déduction, mademoiselle!

DO Mais je ne mettrais pas ma tête à couper!

LE POLICIER Eh, bien, je vous remercie de votre coopération.
(*Ils sortent*)

DAVID Quand je vais raconter ça aux copains, ils ne me croiront pas! C'était comme dans un film de James Cagney!

Vocabulary

un témoin – *a witness*

grogner – *to grumble*

être armé = avoir une arme (un fusil, un revolver)

tirer des coups de feu – *to fire shots*

couchez-vous à plat ventre! = se mettre par terre sur le ventre

si j'ai bonne mémoire – *if I remember rightly*

récapituler – *to sum up*

se plaquer à plat ventre (*fam.*) = se coucher, se mettre à plat ventre

un détail capital = un détail extrêmement important

patate! (*fam.*) = insulte équivalente à 'idiot!', 'imbécile!'

être maîtrisé = (ici) être arrêté, fait prisonnier

une cagoule – *a hood with eyeholes (usually a balaclava)*

la chaussée = les voitures circulent sur la chaussée et les piétons marchent sur le trottoir

boiter = on 'boite' quand on a mal aux pieds

je ne mettrais pas ma tête à couper! – *I wouldn't put my head on the block!*

une déposition – *a statement*

avoir l'air = sembler, paraître

ils ont l'air sinistres et pressés (*note agreement of adjectives, refer to 1.2.3.*)

4

Communicating

4.1. Remembering, describing

4.1.1. Recap

In the text David, Eric and Do witness a hold-up which they then describe to a policeman, trying to remember the chain of events and any relevant detail. In doing so, they and the policeman use the following language:

D'abord ...
Quand soudain ...
Si j'ai bonne mémoire ...
Après on les a vus ...
Je récapitule ...
C'est à ce moment-là que ...
Alors ...
Ensuite ...
Euh ... *Je crois (me rappeler) que* ...

4.1.2. Expansion

There are some more words to help you describe an event you're remembering:

Tout d'abord ...
(et) puis ...
Je me souviens de/que ...
Je me rappelle que ...
Finalement ...
Avant ...
Au moment où ...
Pendant que ...
Dès que ...

Practice

(a) *Le Monde* reports the hold-up the following morning. Fill in the blanks of the article with some of the words listed above as appropriate.

'Hier après-midi, un hold-up a eu lieu en plein Paris contre un établissement bancaire. Des témoins qui se trouvaient sur les lieux lors de l'attaque ont rapporté que ... ils ont vu deux hommes tout de noir vêtus traverser la rue sans regarder. ... ils ont entendu des coups de feu. Et ... ils ont remarqué que les deux bandits étaient armés. ... ils se sont plaqués à plat ventre. ... ils ont ajouté que les bandits ont ... tourné le coin de la rue et ont ... disparu. L'un des témoins a souligné qu'elle croyait ... que l'un des deux hommes boitait. Une enquête a été ouverte.'

(b) Attaque à main armée aux Champs-Elysées
○○ Listen to the incident witnessed by Madeleine as she was walking down the Champs-Elysées the other evening.

And now retell the incident to a friend. Here are a few words and expressions to help you along.

descendre les Champs-Elysées
entendre des cris
bousculer tout le monde
attirer mon attention
quelque chose qui brillait
tirer sur la foule
arriver sur les lieux

(c) Now listen to the text again (you may take notes if necessary) and then tell your classmate about the hold-up witnessed by David, Eric and Do.

(d) Improvisation
Now YOU tell your classmate about an incident that you witnessed or that a friend of yours saw but that you know about.

4.2. Correcting oneself

Speaking often entails correcting yourself, choosing other words in order to get across as clear a message as possible to your listener.

4.2.1. Recap

In the text Do corrects herself when she describes the funny way in which one of the two men was walking.

Il courait en sautant <u>ou plus exactement</u> il sautillait en courant.
Il boitait du gauche <u>ou plutôt</u> du droit.

4.2.2. Expansion

Here are some more words and expressions you can use to correct yourself.

Je veux dire . . .
On devrait dire . . .
Ce serait plus exact de dire . . .
Ou plus précisément . . .
En fait . . . ou . . .

Practice

(a) Il y a toujours une première fois . . .!
○○ Listen to Eric telling David about the first time he tried to 'pick up' someone or might it be vice versa?!

And now complete the sentences below with the words and expressions you've heard.

'Alors voilà, ça s'est passé chez Gabrielle . . . dans le pavillon de ses parents

4

le soir du Nouvel An. Gabrielle m'a présenté à ses copains – ... à ses copines – et m'a dit "Vas-y, mon vieux!" ... Il y avait une grande blonde aux yeux bleu clair et au teint pâle, l'air rêveur ... l'air absent qui a tout de suite attiré mon attention ... tout de suite car elle n'était pas là au début. Je me suis approchée d'elle ... elle s'est approchée de moi – ... elle s'est approchée du buffet et moi j'étais là près du buffet et on a commencé à parler et moi – rien, pas un mot! Enfin, je l'ai invitée à danser ... elle m'a invité à danser et après, euh, après, je ne m'en souviens plus! J'étais un peu ivre ... j'étais complètement saoûl!'

And now it is your turn to tell of a similar experience that happened to you.

(b) **Improvisation**

Give a short unprepared talk on one of the following topics. Choose the one you know least about and correct yourself as you go along (using the sort of phrases you have met above).

Le logement	*La télévision*
Beaubourg	*La pollution*
L'éducation	*La drogue*
Noël	*Le chômage*

Grammar

4.3. Referring to the past – incomplete actions and contrasted actions

In Unit 1, you practised the most common way of referring to the past – using the perfect tense. You remember that this is used for actions completed in the past.

In this Unit, we concentrate on another way of referring to the past, using another tense, the imperfect.

4.3.1. Recap

The imperfect is the tense most often used for descriptions.

1. Describing people, things and places as they used to be:

Ils étaient pauvres.

NOTE Descriptions of the weather and of places, and saying how old you were, are nearly always in the imperfect:

Il faisait si beau, ce jour-là.
Son appartement était splendide.
Un jour – c'était quand j'avais à peu près dix ans ...

2. To indicate a continuing action in the past:

Il sautait, ou plutôt il sautillait en courant.

3. To indicate regular or habitual past actions:

Autrefois je faisais de la natation le vendredi.

NOTE Such actions are often introduced by words or phrases such as the following:

> *tous les matins (les soirs, les jours, les mois, etc.)*
> *régulièrement*
> *comme tous les jours*
> *à chaque fois*
> *parfois*

4.3.2. Expansion

Contrasted actions
Often you need to describe an action which interrupts an action already taking place. To do this, there is a move from the imperfect tense to the perfect, often within the same sentence:

> *On allait en direction de Beaubourg quand soudain on a vu . . .*
> *On tournait le coin de la rue quand on a entendu des coups de feu.*

Look at how the two actions are contrasted with each other:

action began in the past	imperfect (describing what was happening)	perfect (changing the focus)

NOTE The action in the perfect tense is often introduced by these words:

> *quand soudain, quand tout à coup, lorsque*

Practice

(a) Link the following pairs of sentences in a meaningful way with the words given above, putting the verbs into the past tense. (Make sure you use the appropriate tense.)

EXEMPLE:

> Elle attend l'autobus. Elle voit son ami.
> Elle attendait l'autobus quand soudain elle a vu son ami.

1. Ils vont vers Beaubourg.
   Ils voient un hold-up.
2. On frappe à la porte.
   Elle prend son petit déjeuner.
3. Je me prépare pour sortir.
   J'entends un bruit bizarre.
4. Les plombs sautent. (les plombs = *fuses*)
   Elle regarde la télévision.
5. Un piéton traverse la rue derrière lui.
   Il gare soigneusement sa voiture.
6. Elle joue de la guitare.
   Elle s'effondre sur le lit. (s'effondrer = *to collapse*)
7. Le routier fait 120 kilomètres-heure.
   Les freins lâchent.

8. Il commence à pleuvoir.
   Les ouvriers déchargent la marchandise.
9. Je ne le cherche même plus.
   Il apparaît.
10. On lui offre un rôle important.
    Le comédien est au chômage depuis longtemps. (au chômage = *out of work*)

(b) Complete each speaker's story, using the information given.

Vol réussi
'Je regardais par la fenêtre de ma chambre depuis plusieurs minutes quand soudain j'ai vu un homme s'arrêter devant la bijouterie d'en face. Il y est resté un bon moment à regarder à droite et puis à gauche, caressant nerveusement sa cravate, ce qui a attiré mon attention . . .'
   1. soudain (prendre) une barre de fer du sac qu'il (porter)
   2. casser la vitrine
   3. le conducteur la (voir) trop tard – il (freiner) à mort (*to make an emergency stop*)
   4. (s'enfuir) à toutes jambes
   5. c'est à ce moment-là qu'une voiture (tourner) le coin de la rue
   6. le voleur (sauter) dedans
   7. (disparaître)

Accident
'J'étais à la terrasse d'un café. Je regardais les gens se promener. J'ai remarqué une jeune fille qui portait une valise très lourde, je suppose qu'elle partait en vacances. Il faisait chaud ce jour-là, les gens étaient en habits d'été et pourtant elle avait un gros manteau de laine . . .'
   1. arrivée au coin de la rue, (commencer) à traverser sans regarder
   2. une auto (arriver) à toute allure
   3. le conducteur la (voir) trop tard – il (freiner) à mort
   4. en entendant le crissement des freins elle (essayer) de courir
   5. la voiture (faire) un écart à gauche, mais la (heurter) tout de même
   6. la jeune fille (tomber), (rester) inconsciente quelques minutes, mais elle ne pas (être) grièvement blessée
   7. on la (transporter) d'urgence à l'hôpital

(c) Now let's go on to uses of these two past tenses in which the choices you will have to make between them will be less clear-cut.

Do has taken David to his first political meeting at the *Mutualité* (a famous hall in Paris used for this type of event). This is his account of it. Put the verbs in brackets in the appropriate past tense. It'll help if you read the account through once without making the changes needed, to get a first impression.

Meeting à la Mutualité
'Quand nous (arriver), quelqu'un (parler) déjà . . . La salle (être) comble. Nous (s'asseoir) au fond de la salle. Je (jeter) un coup d'œil autour de moi.

Les gens qui (être) là (être) pour la plupart des jeunes. Le premier speaker (réclamer) des allocations sociales plus importantes, puisque les familles des chômeurs (trouver) qu'il était de plus en plus difficile de joindre les deux bouts. Puis c'est une femme qui (prendre) la parole : elle (voir) les choses d'une façon plus militante, et (parler) tout de suite de manifestations et de non-coopération. Un étudiant la (interrompre) en demandant des précisions, et c'est alors que Do (se tourner) vers moi en disant qu'elle aimerait partir ; elle (se sentir) fatiguée. On (aller) au café du coin où elle (prendre) un café pour se remonter.'

(d) This time, using the prompts below as necessary, finish Jacques' account of this particular evening.

JACQUES On était tous ensemble dans le living à regarder la télévision – c'était un de ces films médiocres qu'ils passent toujours le weekend. Je commençais à avoir sommeil, je pensais m'en aller mais Véronique, elle . . .

(VÉRONIQUE) (vouloir) voir ce film à tout prix, acteur favori (jouer)

(YVONNE) (avoir) peur de rater le dernier métro, de rentrer trop tard, (savoir) que parents (attendre)

(ANTOINE) (avoir) envie de ramener Yvonne, mais (connaître) ses rapports difficiles avec ses parents

(FABIEN) (entendre) le premier les sirènes, (regarder) par la fenêtre, voir les pompes à incendie

JACQUES (ouvrir) la porte, (remarquer) l'usine de produits chimiques en feu, risque d'explosion, la police (faire évacuer la rue), tous (se précipiter dehors)

4.4. Relative pronouns – 'qui, que'

Qui and *que* are both used to refer back to things or people already mentioned in a sentence.

1. *On a remarqué deux hommes/qui traversaient la rue.*

Qui refers to the *deux hommes*, and is the subject of the verb (*traverser*).

2. *Tu peux me passer les cassettes/que tu n'aimes plus.*

Que refers to *les cassettes*, and is the object of the verb (*aimer*).

NOTE While English can leave out the relative pronoun, French never can :
The book (that) I bought.
Le livre que j'ai acheté.

Practice

Use *qui* and *que* correctly in the following sentences.
1. C'est un homme . . . aime beaucoup sa femme.
2. On n'a pas revu le prof . . . allait nous aider.
3. Ce n'est pas du tout le genre de choses . . . il apprécie !

4. Elle a déjà vu tous les films . . . moi je voulais voir.
5. Si tu veux, je t'enverrai un exemple du travail . . . lui plaît.
6. C'est le chauffeur de taxi . . . tu connais.
7. Donne-lui le jouet . . . elle préfère.
8. Je te donnerai une photo d'elle . . . tu peux garder.
9. D'après lui, c'est une maison . . . est très belle.
10. D'habitude on prend des plats . . . sont très épicés.

4.5. Recently completed actions – 'venir de'

To refer to actions recently completed, you need to use the expression *venir de*, followed by an infinitive.

1. If the action HAS just finished, use the present tense of *venir*:
   – *Il est là, mon mari?*
   – *Désolé, madame, il vient de sortir.*

2. If the action HAD just finished, use the imperfect tense of *venir*:
   On venait de tourner le coin de la rue.

Practice

Complete the replies to the following questions.
EXEMPLES:

Pourquoi ton père est-il de si mauvaise humeur? (se disputer avec maman)
Parce qu'il vient de se disputer avec maman.

Pourquoi est-ce qu'elle était assise sur ce banc? (se trouver mal)
Parce qu'elle venait de se trouver mal.

1. Comment tu sais qu'il les a ratés, ses examens?
   Parce que . . . lui en parler.
2. Tu veux un peu de café?
   Non, merci, je . . . en prendre.
3. Pourquoi est-ce qu'elle pleurait, cette petite fille?
   C'est qu'elle . . . tomber.
4. Comment ça se fait qu'ils ont vu les gangsters?
   C'est qu'ils . . . tourner le coin de la rue.
5. Pourquoi est-ce qu'ils étaient étendus par terre?
   Parce qu'ils . . . entendre des coups de feu.
6. Mais elle ne peut pas se permettre une voiture comme celle-là!
   Au contraire, elle . . . hériter de sa mère.
7. Mon dieu que tu es pâle! Qu'est-ce qui t'arrive?
   Je . . . voir un accident de voiture.
8. Tu aurais pu me le dire avant!
   Excuse-moi, je . . . y penser.
9. Ils ne savaient pas qu'il était là, ou quoi?
   Apparemment, ils . . . s'en rendre compte.
10. Salut, David! Tu m'attends depuis longtemps?
    Ah, non, Do, je . . . arriver.

4.6. 'Sans' + infinitive

Note the use of *sans* + infinitive in French, in contrast to
'without' + present participle in English. The infinitive relates to the
subject of the main verb in every case.
Try to remember these idiomatic expressions with *sans* + infinitive.

1. *Il l'a insultée mais <u>sans faire exprès</u>.* (without doing it on purpose)
2. *Il est intelligent mais <u>sans en avoir l'air</u>.* (without seeming to be)
3. *Elles ont toutes bien répondu mais <u>sans savoir pourquoi</u>.* (without knowing why)
4. *Vous savez, elle l'a quitté comme ça, <u>sans le vouloir</u>.* (without wanting to)
5. *Je ne comprends pas qu'on puisse être aussi malade <u>sans s'en rendre compte</u>.* (without realising it)
6. *Quel toupet, de m'emprunter la voiture <u>sans rien dire</u>!* (without saying a word)
7. *Elle le fait <u>sans y penser</u>.* (without thinking about it)

Practice

In each case restate the information you're given using *sans* + infinitive.
Sometimes you'll need to use one of the expressions given above.
EXEMPLE:

Il conduit très rapidement. Il ne prête aucune attention aux autres
automobilistes.

Il conduit très rapidement, *sans prêter* aucune attention aux autres
automobilistes.

1. Elle regardait Eric. Mais elle ne le voyait pas.
2. On a pris la décision, mais on n'a pas pensé aux conséquences.
3. Je sais qu'elle t'a insultée mais ce n'était pas voulu.
4. Do et Eric ont quitté la soirée. Ils ne se sont pas parlé.
5. Il y a quand même pas mal de gens qui croient à Dieu bien qu'ils ne sachent pas pourquoi.
6. Il est resté couché toute la matinée mais il n'a pas dormi.
7. Elles ont passé une année en Angleterre, mais elles n'ont fait aucun progrès en anglais.
8. C'est quelque chose qu'on fait involontairement, on n'y pense même pas.

4

Usage

4.7. Matin ou matinée?

They both mean 'morning' but their usage is different.

4.7.1. Recap

In the text you came across the following sentence:
Veuillez passer demain – dans la matinée – pour signer votre déposition.

But the policeman could have said:
Veuillez passer demain matin à 10 heures pour signer votre déposition.
In the first example *dans la matinée* means 'at any time in the morning'; it stresses the duration of the morning, it's more flexible.
In the second example a precise time (*10 heures*) is given and *demain matin* is used.

4.7.2. Expansion

The same goes for *soir/soirée*; *jour/journée*; *an/année*.
Compare the following sentences:

Passez me voir ce soir après le théâtre.	*Passez me voir dans la soirée.*
Quel jour êtes-vous libre?	*Vous êtes libre dans la journée?*
L'an dernier a été particulièrement difficile.	*L'année dernière a été particulièrement difficile.*

The shorter form *soir, jour, an* is associated with a precise given time or date. It is masculine.
The longer form stresses the duration. It is feminine.

NOTE In certain given expressions or phrases ONLY ONE of the two forms is possible. Because this is when most mistakes are made, it is advisable to learn these expressions by heart.

quel jour sommes-nous?	*la demi-journée*
tous les jours/chaque jour	*travailler à la journée*
un beau jour (one fine day)	*quelle journée!*
l'autre jour	*à longueur de journée* (all day long)
du jour au lendemain	
un autre jour (another day)	
quinze jours	
tous les matins/chaque matin	*faire la grasse matinée*
un beau matin (one fine morning)	*c'est une belle matinée*
au petit matin	
ce matin	
de bon matin (bright and early)	
la veille au soir	*donner une soirée*

l'autre soir	*quelle soirée!*
tous les soirs/chaque soir	*une soirée dansante*
	les soirées d'hiver
le jour de l'an	*l'année scolaire*
le nouvel an	*l'année bissextile*
	chaque année

Practice

What would you say for the following?

1. all day
2. every day
3. early in the morning
4. every morning
5. the other evening
6. every year
7. last year
8. come in the morning
9. in a fortnight
10. during the academic year

Contrast and compare

4.8. 'Penser' + infinitive/'penser à'/'penser de'

The basic meaning of *penser* is 'to think'.

4.8.1. Recap

Penser + infinitive expresses intention (*Je pense venir demain*) or conviction (*J'ai agi ainsi parce que je pensais devoir le faire*).

4.8.2. Expansion

Penser à

Penser à followed by a noun means 'to think of/about' somebody/something:

A quoi penses-tu? screams Do to Eric.
Je pense à Philippe.
Elle ne pense qu'aux vacances!
Il ne pense guère à son fils.

Penser de

This is usually seen in questions such as *Qu'en penses-tu?* or *Que penses-tu de Pierre?* or *Et Eric, qu'en penses-tu?*; it means 'to think of' in the sense of having an opinion of a person or about a fact.

Que penses-tu de David?
Que pensez-vous de vos élèves?
Que penses-tu de la situation internationale?
Que pensez-vous de cette solution?

Answers to these questions usually start:
Je pense que ...

4

Practice

(a) Use *à* or *de* as appropriate in these sentences:
1. Elle pense toujours ... ses enfants.
2. Il ne pense jamais ... sa mère.
3. C'est le jour de ta fête. J'ai pensé ... toi.
4. Que penses-tu ... ce projet?
5. Que pensez-vous ... cet exercice?
6. ... qui penses-tu?
7. Que pense-t-elle ... tout cela?
8. Il pense sans cesse ... Do. Toi, que penses-tu ... Do?
9. Tu as pensé ... une solution?
10. Que pensent tes parents ... ce que tu as fait?

(b) Translate the following sentences using *penser* + infinitive, *penser à*, *penser de* as appropriate.
1. Where do you intend to go on holiday?
2. She never thinks of him.
3. What do you intend to do after your exam?
4. What do you think of her?
5. What do you think about the new play?
6. What do you think of it?
7. I think I'll drop in to see you tonight.
8. He never thinks of her when she isn't there.
9. I think of David a great deal.
10. She is thinking of going to the States this summer.

Le jeu des synonymes

Fill in the squares in the box on the right to give a synonym of these verbs. Each empty square corresponds to one letter. The first letter of each answer will give you a verb which corresponds to the following definition 'to arouse admiration'.

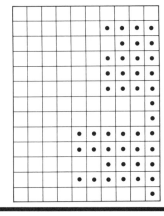

1. Questionner
2. Ne pas dire la vérité
3. Être capable de
4. Devenir rouge
5. Pénétrer
6. Faire des bonds
7. Faire de petits bonds
8. Ne pas permettre
9. Avoir le courage de
10. Dire non
11. Venir au monde
12. Exister
13. Dire merci

Unit 5
Chez Ali

FOCUS

In this unit you develop techniques of accepting and refusing, giving excuses and opinions. You revise how to express quantities, how to refer to the future and how to express future possibilities.

Key words and phrases

dîner sans façon

on s'arrêtera à l'épicerie du coin

acheter ce qui nous manque

du chèvre

250 gr. de gouda

une salade aux endives et aux noix

du rosé du Maroc

∞ Dialogue

Après avoir visité Beaubourg, David, Do et Eric décident d'aller dîner chez David. En chemin ils s'arrêtent 'chez Ali' – l'épicier du coin – pour faire des courses.

DO Après toutes ces émotions, je n'ai pas envie d'aller au restaurant.

DAVID Ni moi non plus. Ni au ciné, d'ailleurs.

ERIC Quoi? Tout ça à cause d'une petite fusillade!

DO Tu ne manques pas de toupet! Tu appelles ça une petite fusillade! Si je ne t'avais pas dit de te plaquer à terre, tu serais comme une passoire à l'heure actuelle!

ERIC Une passoire, c'est vite dit. Tu aimes toujours dramatiser, toi!

DO (Froidement.) Je ne réponds pas aux remarques stupides.

DAVID Arrêtez de vous disputer, vous deux! Allons plutôt dîner chez moi – sans façon – et en route on s'arrêtera à l'épicerie du coin pour acheter ce qui nous manque.

DO Bonne idée!

ERIC Bof! Ça ne m'enchante pas!

(Chez Ali.)

ALI Bonjour, M'sieu David, ça va aujourd'hui?

DAVID Ça va, M.Ali, je vous remercie et vous?

ALI Ça va, ça va, grâce à Dieu! Alors, qu'est-ce que je vous sers?

DAVID Vous avez du chèvre?

ALI Désolé, pas de chèvre aujourd'hui.

DAVID Vous avez du camembert?

ALI J'en ai du très bon. Vous le voulez fait ou pas fait?

DO Fait. Je peux voir? *(Elle ouvre la boîte de camembert et tâte le dessus du camembert de son pouce.)* Oui. C'est parfait comme ça.

ERIC Je n'aime pas beaucoup le camembert – surtout quand il est fait – on ne peut pas prendre autre chose?

DAVID On peut prendre un autre fromage si tu veux. Qu'est-ce que tu aimes?

ERIC Le gouda, la Vache qui rit, le Bonbel.

DO Ça correspond bien à ton caractère ça!

DAVID Chacun son goût! M.Ali, que nous conseillez-vous?

ALI Prenez du gouda! Je crois qu'il est meilleur que le Bonbel aujourd'hui.

DAVID D'accord! Donnez-nous 250 gr. de gouda.

DO Qu'est que vous avez comme pâté, M.Ali?

ALI J'ai du très bon pâté de foie, du pâté de canard excellent, du pâté de campagne tout frais, du pâté d'oie . . .

DO Je prendrais plutôt du pâté de campagne. Donnez m'en 350 gr.

DAVID Je sais ce qui irait bien avec le pâté et les fromages – une salade aux endives et aux noix.

DO Excellente idée!

ERIC Je n'aime pas les endives.

DO Personne ne t'obligera d'en manger.

DAVID Et comme vin, qu'est-ce qu'on prend?

ERIC Du blanc.

DAVID
DO } Non, du rouge!

ALI Si j'étais vous, M'sieu David, je prendrais un petit gris de Boulaouane.

ERIC Qu'est-ce que c'est un petit gris de Boulaouane?

DO C'est du rosé du Maroc, ignare! C'est un très bon vin.

DAVID Alors, un petit gris et un Côtes du Rhône, M.Ali. Comme ça tout le monde sera content.

ALI Bien, M'sieu David.

DAVID Dites donc, M.Ali, c'est bientôt Noël. Vous fermerez pendant les fêtes?

ALI   Si je pouvais, je fermerais toute une semaine, mais malheureusement je ne peux pas. Je fermerai deux jours seulement – le 25 et le 1er – le reste du temps, je resterai ouvert comme d'habitude jusqu'à 21 heures.

DAVID   C'est bon à savoir.

ERIC   Et le dessert?

DAVID   Tu veux aussi un dessert, Do?

DO   Attends! Qu'est-ce qu'on va manger? Du pâté, du fromage, de la salade . . . oui, j'aimerais un petit dessert. Tiens, je sais. Je vous ferai une mousse au chocolat et au Grand Marnier.

ERIC   Mmm! Ça a l'air bon!

DO   M.Ali, donnez-moi une grande tablette de chocolat noir et une petite bouteille de Grand Marnier. Donnez-moi également une douzaine d'œufs et de la crème fraîche.

ALI   Ah, je n'ai plus de crème fraîche, mais j'ai de la Chantilly.

DO   Bah, ça ne fait rien.

ALI   Et avec ceci?

DAVID   C'est tout, merci. Ça fait combien?

Vocabulary

une fusillade – *a hail of bullets*

tu ne manques pas de toupet! – *what a cheek!*

une passoire = on utilise une passoire pour passer l'eau des légumes, des spaghetti qu'on vient de faire cuire

à l'heure actuelle = maintenant, actuellement

   'les actualités' = les nouvelles du jour

fait/pas fait = un fromage est 'fait' quand il est mou au toucher et parfois 'coulant'; un fromage n'est 'pas fait' quand il est dur au toucher et parfois 'plâtré'

tâter (le dessus) = toucher (le dessus) du doigt

le pouce – *thumb*

chacun son goût = **chacun à son goût** = chacun a des goûts différents

   'Des goûts et des couleurs, on ne discute jamais.'

les endives (f.) = c'est un légume blanc que l'on mange en salade ou au four

les noix (f.) – *walnuts*

   à ne pas confondre avec 'noisette' (*hazelnut*)

5

Communicating

5.1. Accepting and refusing/Giving excuses

5.1.1. Recap

In the text you came across several ways of accepting/refusing an invitation:

> *Après toutes ces émotions, je n'ai pas envie d'aller au restaurant* says Do.
> *Ni moi non plus* replies David.

> *Allons dîner chez moi sans façon!* invites David.
> *Bonne idée!* replies Do.
> *Bof! Ça ne m'enchante pas!* moans Eric.

> *Prenez du gouda!* suggests M. Ali.
> *D'accord!* replies David.

> *Je sais ce qui irait bien avec le pâté – une salade aux endives* suggests David.
> *Excellente idée!* replies Do

In Unit 2, you came across the following:

> *On va prendre un pot?*
> *D'accord!*

> *Si on allait à Beaubourg?*
> *C'est une bonne idée.*
> *Ça ne me dit rien!*

5.1.2. Expansion

There are other ways of accepting/refusing an invitation.

Accepting enthusiastically
Avec plaisir!
Volontiers!
Je veux bien.

With moderate enthusiasm
Bien.
C'est entendu.
Pourquoi pas?
Si tu veux/vous voulez.

Refusing very politely
Je regrette, mais je ne peux pas.
Désolé(e), mais ce n'est pas possible.
Merci, mais c'est impossible.

Politely
Ça me paraît difficile.

Ironically
Quelle idée!
Tu n'y penses pas!/Vous n'y pensez pas!
Tu veux rire!/Vous voulez rire!

Categorically
(Ah) non (alors)!
(ça) jamais!
Je ne veux pas.

Practice

(a) Le Méchano de la Générale

○○ Philippe is inviting his friends to a Buster Keaton film at *La Huchette*, a cinema in the Latin Quarter.

First listen to this conversation between Philippe and his friends.

Now say how Rémy, then Danielle refuse the invitations.

(b) Have a look at these invitations and ...

1. ... accept them enthusiastically or with moderate enthusiasm.
   1. Si on allait au cinéma?
   2. Tu viens prendre un pot?
   3. Ça te dirait d'aller au restaurant ce soir?
   4. Et si on achetait un gâteau?
   5. Après, on pourrait aller à Beaubourg?
   6. Prenez un rosé de Provence!
   7. Vous prendrez bien un petit whisky?
   8. Je vous ramène?
   9. Tu me téléphones demain dans la soirée?
   10. Tu passes me voir après tes cours?

2. ... and now refuse politely, ironically or categorically giving an excuse if possible. Here are a few excuses you could use:

Il pleut.	Je n'ai pas de voiture.
Il fait froid.	J'ai la migraine.
Je suis fatigué(e).	Je n'ai pas d'argent.
Il est trop tard.	Je dois prendre mon train.

(c) Improvisation

Now practise in pairs issuing and accepting/refusing invitations. Whenever there is a refusal, a reason (an excuse) must be given.

5.2. Giving opinions/advice

Advising people to do things is always tricky. So you must take great care to get it right.

5.2.1. Recap

In the text M. Ali (*l'épicier*) is advising David first on cheese then on wine.

DAVID *M. Ali, que nous conseillez-vous?*

ALI *Prenez du gouda. Je crois qu'il est meilleur que le Bonbel aujourd'hui.*

DAVID *Et comme vin, qu'est-ce qu'on prend?*

ALI *Si j'étais vous, M'sieu David, je prendrais un petit gris de Boulaouane.*

5.2.2. Expansion

There are other ways of advising.

A mon avis tu devrais/vous devriez (lui en parler).

5

Je te conseille de . . ./je vous conseille de . . .
Si tu veux un conseil . . ./Si vous voulez un conseil . . .
Si j'ai un conseil à te donner, . . ./vous donner . . .
Vous feriez mieux/bien de (lui en parler)
(Si j'étais) à ta place/votre place, je lui en parlerais.

Giving negative advice is still advice.
Je vous déconseille (vivement) de lui en parler.
Ne lui en parlez surtout pas!
Je ne vous conseille pas de (lui en parler).

Practice

(a) **Au supermarché**
You're doing the weekend shopping with a friend in a supermarket. She asks your advice and you give it to her.

> L'AMIE Qu'est-ce que je prends comme viande?
> VOUS . . . (poulet/agneau/bœuf/veau)
> L'AMIE Ah! Non, du poulet j'en ai marre!
> VOUS . . .
> L'AMIE Tu as une bonne recette à me conseiller?
> VOUS . . . (gigot d'agneau au miel/bœuf en daube/veau au citron)
> L'AMIE Et comme légumes?
> VOUS . . . (carottes, navets . . .)
> L'AMIE Pourquoi pas des aubergines?
> VOUS . . . (Surtout pas! . . .)
> L'AMIE Ah! Ce n'est pas la saison! Bon, il ne me reste plus que les fruits à acheter.
> VOUS . . . (pas au supermarché)
> L'AMIE Le fruitier est meilleur et moins cher?
> VOUS . . .
> L'AMIE Et si j'achetais une tarte?
> VOUS . . . (tarte aux fraises/cerises . . .)
> L'AMIE Non, plutôt un gâteau au chocolat.
> VOUS . . . (arrosé de rhum, au Grand Marnier)
> L'AMIE Après tout, je vais faire une mousse au chocolat et au Grand Marnier.

(b) **Le Courrier du Cœur**
You are Jeanne Sétout – the agony column writer. You also have a special phone-in programme on Europe No. 1 every day from 2 p.m. to 3 p.m. Here are the problems of your young/not-so-young public. You advise them.

> 1. Bonjour Jeanne. Je m'appelle Jessica, j'ai 18 ans. Je suis très malheureuse. J'aime Julien, mais lui ne m'aime pas. Il préfère Jacqueline. Mais elle n'aime pas Julien comme je l'aime. Moi seule lui convient – que dois-je faire?
> *Conseils:* abandonner/persévérer

2. Bonjour Mlle Sétout. Je m'appelle Christian, j'ai 36 ans. Je suis marié. J'ai deux enfants. J'aime ma femme et ma femme m'aime. Le problème, c'est que – voilà déjà 2 mois – j'ai rencontré une jeune fille admirable, douce, belle, intelligente. Et je crois que je suis amoureux d'elle. Mais je ne veux pas me séparer de ma femme. Que faire?
Conseils: ne pas s'attacher/penser à l'avenir

3. Je m'appelle Anne-Marie. J'ai 19 ans. Je suis malheureuse à en mourir. Je l'aime plus que tout. Et lui, il m'a laissé tomber – il en préfère une autre. Je sais que pour vous, c'est le cas classique – pour moi, c'est la première fois. Je vous en prie, aidez-moi, conseillez-moi.
Conseils: essayer d'oublier/laisser tomber/sortir . . .

4. Salut Jeanne! Je m'appelle Jules. Voilà, mon problème c'est que je tombe amoureux de toutes les filles avec lesquelles je sors. Je n'arrive pas à m'attacher, ni à me détacher d'ailleurs. En un mot, j'aime les filles d'hier, d'aujourd'hui et de demain. Je vous en prie, un petit conseil!
Conseils: besoin d'équilibre/maturité/laisser faire . . .

5. Mlle Sétout? Enchanté de vous avoir au téléphone. Alors, voilà j'ai 55 ans. Oui, je sais qu'à mon âge on ne devrait plus penser à l'amour. J'ai 55 ans et j'aime une jeune fille de 16 ans. Oui, je sais, elle pourrait être ma fille, ou même ma petite fille. Mais que voulez-vous, comme l'a dit Corneille ou Racine. 'Le cœur a ses raisons que la raison ne connaît pas'. Je ne peux vivre sans elle. Croyez-vous que je devrais la demander en mariage?
Conseils: pourquoi pas? l'âge n'est pas important/penser aux conséquences plus tard

(c) Writing

Select two or three letters from *Elle*, *Jour de France* or any other French magazine with a 'problem page' and write an answer to each letter.

5

Grammar

5.3. Expressing quantities

This table will remind you how to refer to stated and unstated quantities.

	Referring to an unstated quantity (Use *du, de la, des, de l'.)*	Referring to a stated quantity – or to none at all (Use *de*.)
J'aime le chèvre	*Prenez du chèvre*	*Je prendrai 250 gr. de chèvre*
le pain	*du pain*	*une tranche de pain*
la crème	*de la crème*	*un pot de crème*
les bananes	*des bananes*	*1 kilo de bananes*
l'alcool	*de l'alcool*	*une bouteille d'alcool*
		Je ne prends pas d'alcool

NOTE

1. In English, a noun can stand without an article, but this is extremely rare in French: 'I like bread.' *J'aime le pain.*

2. Other expressions of quantity with *de*:
assez de, beaucoup de, moins de, plus de, peu de, combien de, etc.

Practice

(a) Complete the following with *du, de la, de l', des, de* as appropriate.
1. Tu as . . . café?
2. Est-ce qu'il reste . . . thé?
3. N'oublie pas d'acheter . . . essence.
4. Je voudrais . . . petits pains, s'il vous plaît.
5. Il n'y a pas . . . oranges au supermarché – j'en achèterai chez le fruitier.
6. Elle a passé beaucoup . . . cassettes fantastiques hier soir.
7. Elle avait souvent . . . bonnes idées.
8. Il y avait pas mal . . . gens à la discothèque hier soir.
9. Tu as acheté . . . café pour demain?
10. Il s'est fait attaquer par une bande . . . voyous.

(b) Translate the following sentences. Remember that you MUST use *du/de la/de l'/des/de* in front of nouns when expressing quantities.
1. There's a group of employees who want to see you, sir.
2. What? Isn't there any more wine?
3. Could you buy some bread today?

4. Are you cooking spaghetti again tonight?
5. Can I have a slice of cake, please?
6. There were quite a few problems.
7. Do you want tea or coffee?
8. How many suitcases have you got?
9. There are no easy solutions.
10. I'd like to meet some interesting people.

5.4. Referring to the future – using the future tense

5.4.1. Recap

In Unit 2, you practised two ways of referring to the future: using the present tense, and using *aller* + infinitive (see 2.5).

This Unit covers another way of referring to the future – using the future tense. Forming the future tense is easy: what's important is the way it's used.

> *En route <u>on s'arrêtera</u> à l'épicerie du coin.*
> *Personne ne t'obligera d'en manger.*
> *Comme ça, <u>tout le monde sera</u> content.*
> *<u>Je fermerai</u> seulement deux jours.*
> *<u>Je vous ferai</u> une mousse au chocolat.*

5.4.2. Expansion

You must remember to use the future tense in French after *quand*, *dès que* and *aussitôt que* when referring to the future.

> *Je le ferai quand je <u>serai</u> prêt.*
> (cf. English: 'I'll do it when I'm ready.')

Practice

What might each speaker say in these situations? Use the clues where given; sometimes the answer is begun for you.

1. Mme Duparc, nouvelle mariée, regarde dans les yeux de son mari: elle ne peut pas s'imaginer que son amour passera:
   Je ... toute ma vie. (aimer)

2. M. Avril parle au téléphone à un collègue récemment hospitalisé. M. Avril promet de passer le voir sans faute le lendemain matin ...

3. Deux collègues ne sont pas d'accord sur une affaire de bureau: ils décident de la discuter le lendemain ...

4. Vous parlez à un ami qui part bientôt en France: il y a une grève à Boulogne: vous lui conseillez ... (passer par Calais)

5. Un jeune homme offre de ramener une jeune fille d'une party:
   Dès que ... prête, tu me ..., n'est-ce pas?

6. Deux lycéennes parlent des résultats de leurs examens: elles ne savent pas quand elle les auront:
   Alors, ces fameux résultats, ...!

7. Un monsieur veut faire réviser sa voiture ce jour-même. Le mécanicien accepte et lui dit . . . (s'occuper de)

8. Une petite fille souffre d'un mal de tête affreux: son père veut la calmer, la rassurer:
   Viens prendre ton médicament, ça . . . (soulager)

9. Une femme dit à son mari que la machine à laver ne marche plus: il répond:
   Ne t'inquiète pas, . . .

10. Deux amies cherchent une chambre d'hôtel. Un passant leur indique le quartier de la ville où il faut aller, en leur disant:
    Allez par là, . . .

11. Vous essayez de persuader vos parents que vous n'avez pas besoin de leur aide pour trouver un emploi:
    Ne vous inquiétez pas, . . . (se débrouiller = *to manage alone*)

12. Un homme fait part à son ami de ses projets pour l'avenir:
    Franchement, quand mon fils . . . dix-huit ans, je . . . de travailler.

5.5. Expressing future possibilities – the present conditional

5.5.1. Recap

You have learned how to refer to future possibilities using these two patterns:

1. *S'il pleut* (*si* + present)   *je reste chez moi* (present)
   If it rains (if + present)   I'll stay at home (future)
2. *S'il vient* (*si* + present)   *je serai content* (future)
   If he comes (if + present)   I'll be pleased (future)

NOTE There are two basic similarities in the way French and English express these:

1. Both verbs have a sentence in two parts (*si* clause and main clause).
2. The verbs in each clause are in the same tense in each language.

The point to notice is that in French the second verb can be either in the present or future tense, whereas in English it is always in the future.

5.5.2. Expansion

When the action is less likely to happen than in the examples above, the tenses used are the imperfect after 'si' and present conditional.

Si je pouvais,   *je fermerais toute une semaine.*
If I could,   I'd close for a whole week.
(*si* + imperfect)   (present conditional)

NOTE Once again the tenses are THE SAME in each language.

Practice

(a) Complete these sentences with the prompts provided. This exercise gives you practice in getting the correct tense in each half of the sentence.

EXEMPLES:

Si elle (vouloir), elle travaillerait plus.
Si elle voulait, elle travaillerait plus.

Si tu roulais plus vite, on (arriver) plus tôt.
Si tu roulais plus vite, on arriverait plus tôt.

1. S'il (faire) beau, on partirait en weekend.
2. Si elle (pouvoir) choisir, elle prendrait le métro.
3. Si tu (faire) ton travail, ce serait une bonne idée.
4. Si tu regardais le texte, tu (voir) ce que je veux dire.
5. Si ton père était là, il te (féliciter).
6. Si je (être) toi, je le ferais demain.
7. Si j'avais le temps, je le (faire) tout de suite.
8. Si je te (donner) l'argent, tu pourrais m'en acheter une?
9. Si son français était meilleur, il (avoir) un bon emploi.
10. S'il (ne pas être) en colère, il ne parlerait pas comme ça.

(b) Divide into two teams (1 and 2). The teacher is referee. The teacher provides a list of topics in French for which vocabulary is familiar, and names the first topic to be discussed.
Suggested list:

discothèque	avec des ami(e)s
vacances	au restaurant
à la maison	au cinéma
au bar	à la cafétéria
au club	à la laverie
chez mon ami(e)	

Any member of team 1 begins by making a statement about where he/she isn't, such as:

Je ne suis pas à la maison actuellement.

Team 2 challenges thus:

Que feriez-vous si vous étiez à la maison?

(Score: 1 point.)
Team 1 responds:

Je lirais un roman.

(Score: 1 point.)
If Team 2 can think of a further appropriate question, they score 2 points, e.g.

Que feriez-vous si quelqu'un frappait à la porte?

Team 1: Je l'ouvrirais. (1 point)
Je n'ouvrirais pas.
Je refuserais d'ouvrir. } (2 points)

Bonus points can be given by the teacher for the use of recently-learned vocabulary, for example.

(c) Translate:
1. I'd be pleased if you came.
2. If I were you, I'd leave early.

3. You could see a film if you wanted.
4. We'd be delighted if you accepted.
5. If he could, he'd close for a whole week.
6. Do would only buy some Camembert if everybody agreed.
7. If you posted the letter tonight, he'd know the result tomorrow.
8. Where would you go if you left home?
9. If he confessed to the crime, the court would pardon him. (*avouer un crime*).
10. If only he'd die – we'd all be rich!

(d) Some people spend a lot of time thinking about what might happen if only . . . Can you write down either your own or invented dreams or hopes for the future? You must include at least five conditions for your dreams to be realised.

Usage

5.6. The conditional – for politeness

5.6.1. Recap

In the text you came across the following expressions:
  1. *Je prendrais plutôt du pâté de campagne.*
  2. *J'aimerais bien un petit dessert.*

Sentences 1 and 2 use the conditional tense *je prendrais, j'aimerais* and not the present tense only because it is MORE polite to do so. It is similar to English. Using the conditional in this way is intended to make people more sympathetic to your request or suggestion.

5.6.2. Practice

Make these requests more polite by using the conditional:
EXEMPLE:
  Je veux 1 kg de carottes.
  Je voudrais 1 kg de carottes.

  1. Je veux 1 kg de bananes.
  2. Pouvez-vous m'indiquer la banque la plus proche?
  3. Peux-tu m'aider à déménager?
  4. Je prends un cognac, s'il te plaît.
  5. Pouvez-vous ouvrir la fenêtre?
  6. Il veut venir passer ses vacances chez nous.
  7. C'est toi qui conduis? Alors, il vaut mieux ne pas trop boire.
  8. Savez-vous où se trouve la Midland Bank à Paris?
  9. Vous n'avez pas un billet de métro à me donner, s'il vous plaît?
  10. Je peux passer te voir ce soir?

Contrast and compare

5.7. Manquer/manquer à/manquer de

.7.1. Recap

You may already know *manquer* (with a direct object). It means 'to miss' somebody/something.

Here are a few common examples:

> *J'ai manqué mon train.*
> *Tu n'as rien manqué! C'était horrible cette soirée!*
> *Eric n'est pas là? – Non, tu viens de le manquer.*

In these examples you could use *rater* (but only in R1) in place of *manquer*.

.7.2. Expansion

Manquer à

In the text you came across the following example:

> *On s'arrêtera à l'épicerie du coin pour acheter ce qui <u>nous manque</u>.*
> We'll stop at the corner shop to buy what we need (literally, what is lacking to us).

NOTE *Nous* is an indirect object.

Manquer à means 'to be lacking' but is often translated as 'to need' (as above) or 'to miss'.

Here are some more examples:

> *Quand elle n'est pas là, <u>elle me manque</u> beaucoup.*
> When she is not here, I miss her a lot.
> *<u>Le jardin lui manque</u> depuis qu'il habite en ville.*
> He misses his garden since he has been living in the city.
> *<u>Leurs enfants leur manquent</u> beaucoup.*
> They miss their children a lot.

NOTE the different way in which each language works.

French *sa femme manque à Paul* becomes English 'Paul misses his wife'.

In other words:

The SUBJECT (here *sa femme*) in the French sentence becomes the OBJECT in the English sentence.

The INDIRECT OBJECT (here *à Paul*) in the French sentence becomes the SUBJECT in the English sentence.

Manquer de

In the text you came across the following example:

> *Tu ne manques pas de toupet!*

Manquer de means 'to be short of', and the sentence above means 'You're not short of cheek' i.e. 'You've got a lot of cheek!'

Other common phrases:

> *Je manque de sommeil.*
> *Je manque de tout.*

5

Practice

(a) What would these people say in these situations? React accordingly using *manquer*, *manquer à*, *manquer de*.
 1. L'avion de Paul part à 12h50. Il arrive à l'aéroport à 13h.
  – Zut! ...
 2. Do rentre de vacances. Elle ouvre le placard de la cuisine. Il n'y a ni lait, ni sucre, ni café, ni pain.
  – Tiens, ça ne m'étonne pas de Régine! Il ...
 3. Mme Duchêne gronde sa fille qui n'est pas allée à l'école ce matin.
  – Tu peux m'expliquer pourquoi tu ...
 4. Do visite le nouvel appartement de son amie Christine. Il n'y a rien – ni rideaux, ni moquette, etc.
  – Christine, il ...
 5. M. Duchêne est en voyage d'affaires. Le soir il téléphone à sa femme.
  – Chérie, tu sais bien que quand je suis loin de toi, tu ...
 6. Eric sort en courant de chez lui pour prendre le bus. Il tourne le coin de la rue et voit le bus qui démarre.
  – Ah, nom de Dieu! Je ...
 7. David téléphone à Do. Régine répond que Do vient de partir.
  – Désolée David! Tu viens de ...

(b) Translate the following sentences:
 1. You've missed your train.
 2. I am short of everything.
 3. You've got a lot of cheek, young man!
 4. You've just missed him!
 5. When he is away, his children miss him a lot.
 6. He misses them too.

5.8. Il y a, pendant, pour

5.8.1. Il y a, pendant

Il y a and *pendant* can be used to say WHEN something happened (both perfect and imperfect tenses):
il y a refers to a point in the past: *Je lui ai parlé il y a trois jours. J'habitais là il y a trois ans.*
pendant refers to a period in the past: *On la voyait souvent à la télé pendant les années soixante.*

5.8.2. Pour

Pour also refers to a period, but an INTENDED period, usually in the future.
Je vais en Belgique pour deux mois.
I intend to go to Belgium for two months.
Je serai à Paris pour les fêtes de Noël.
I'll go to Paris for Christmas.

Practice

How would you say in French?
1. I intend to go to Italy for my summer holidays.
2. Last year I studied English all summer.
3. If I go to the States, I'll stay there at least two months.
4. I know Brazil rather well, I worked there for two years.
5. She felt sick during the exam.
6. What did he do in the war?

Le dictionnaire des vacances

ADDITION. Multiplication effectuée en vue d'une soustraction.

BRONZAGE. Occupation paradoxale grâce à laquelle un peuple raciste tente de modifier momentanément la pigmentation de sa peau.

CAMPING. Système adopté par les insomniaques qui ne peuvent trouver le repos que le nez dans le petit linge des voisins.

DEVISE. Argent qui vaut plus qu'hier et moins que demain.

ETRANGER. Vacancier qui n'est ni du pays, ni de la région, ni du département, ni de la ville, ni du quartier, ni de l'hôtel.

«JE PASSAIS». Locution hypocrite par laquelle quelqu'un que vous n'aviez pas vu depuis plusieurs années tente d'expliquer qu'il a fait un détour de cinquante kilomètres pour venir visiter votre réfrigérateur.

LOCATION DE VACANCES. Possibilité exceptionnellement accordée aux propriétaires de taudis situés à moins de dix kilomètres du littoral de demander pour deux mois de jouissance l'équivalent du prix de vente.

MENU. Programme permettant de baptiser si poétiquement les mets qu'on ne les reconnaît plus une fois qu'on les découvre dans son assiette.

NAGEUR (maître). Seul préposé au bouche-à-bouche en dehors des boîtes de nuit.

PÊCHEUR. Se dit d'un commerçant qui se lève d'assez bon matin pour aller réceptionner le poisson à la gare.

PISCINE. Petite mer de riches. Les plus nantis vont jusqu'à la saler.

RELATION (DE VACANCES). Personne qu'on ne connaissait pas avant et qu'on ne reconnaîtra plus après.

SOMMELIER. Employé chargé de vous présenter d'abord la carte des vins puis de vous apporter de l'eau minérale.

TAXES. Elles ont bon dos. On ne sait jamais dans la poche de qui elles tombent.

VISAGE PALE. Vacancier fraîchement débarqué qu'on trouve dans les campings sous les tentes d'Indiens.

Unit 6
Deux pas en arrière, un pas en avant

Travail en profondeur

Listen carefully to this article read aloud by David.

Key words and phrases

la peine de mort	*suppliciés*
860 personnes	*ne pas commettre crime de sang*
officiellement exécutées	*à l'encontre d'opposants politiques*
toujours en vigueur	

Now see if you have understood the article.

1. What is the article about?
   - (a) L'abolition de la peine de mort.
   - (b) Son application.
2. How many people were 'officially' executed?
   - (a) 860.
   - (b) 806.
3. How many countries still apply the death penalty?
   - (a) 117.
   - (b) 170.
4. What crimes were punished by the death penalty?
   - (a) Seuls les crimes de sang.
   - (b) Vols, escroqueries, adultères.
5. What does the article finally say?
   - (a) La peine de mort est de plus en plus prononcée contre des opposants politiques.
   - (b) Elle n'est plus prononcée contre des opposants politiques.

Travail autour du texte

1. Now give the French for:
   - (a) the death penalty
   - (b) officially
   - (c) to execute
   - (d) a leader
   - (e) to be in use
   - (f) to underline

76

(g) to commit a crime   (i) a theft

(h) adultery   (j) political opponent

2. Find in the text another French word for:

 (a) tuer   (d) faire savoir

 (b) être appliqué   (e) contre

 (c) faire remarquer (f) les adversaires politiques

3. Give the French nouns derived from these verbs:

 (a) exécuter   (c) appliquer

 (b) déclarer   (d) dénoncer

4. Give the French verbs derived from these nouns:

 (a) dirigeant   (c) escroquerie

 (b) vol   (d) opposant

5. Give the French adjectives derived from these nouns:

 (a) une personne   (c) un crime

 (b) le monde   (d) la mort

6. Finally give the French opposite of the following words:

 (a) au moins   (c) l'année dernière

 (b) officiellement   (d) un opposant (politique)

Travail guidé

1. Listen again to the passage on *La peine de mort* and to the comments made by Do, Eric and David. Pay particular attention to the positions of Do and Eric.

2. What is Do's position on the question of the death penalty? Reconstruct her argument with the hints given below.

 A notre époque dite 'civilisée', la peine de mort ...

 Une exécution 'officielle' est tout de même ...

 Tuer une personne est ...

 De plus l'article souligne que de plus en plus souvent ...

3. What is Eric's position on the question? Reconstruct his argument using the hints given below.

 Civilisée ou pas, ces gens-là ...

 L'exécution de la peine de mort n'est pas ...

 Si j'ai bien compris, on peut tuer ...

 Mais c'est prêcher ...

4. Now, with your partner, play the role of Eric and Do respectively.

Improvisation orale

Now state YOUR position on the question of the death penalty.

Composition écrite

Write about 300 words on the following topic:

Le peine de mort n'existe que pour dissuader.

Here are some expressions to choose from to help you structure your arguments:

 1. Tout d'abord/premièrement ...

2. Les uns disent que/pensent que ..., les autres croient que ...
3. D'un côté ... de l'autre ...
   D'une part ... d'autre part ...
   Pour ma part je crois que/je pense que ...
   Moi, je pense que ...
4. Finalement/en conclusion on peut dire que ...
   Pour conclure, je dirais que ...

Travail autour d'un mot – 'faire'

As you may have noticed, *faire* is a very useful verb to come to grips with.
It is at the basis of a large number of expressions and phrases in French.

Recap

In the last five units you came across phrases with *faire* several times.
Check that you have remembered the meaning of those expressions
correctly by translating the following sentences:

Unit 1 *Il l'a faite en utilisant des cageots.*
Unit 2 *Que faire aujourd'hui?*
        Il fait beau aujourd'hui.
        ... pour me faire pardonner.
Unit 3 *Elle a fait appel.*
        Le soleil fera son apparition.
Unit 4 *Il me faisait face.*
Unit 5 *Le camembert, vous le voulez fait ou pas fait?*
        Je vous ferai une mousse au chocolat.
        Ça fait combien?

Expansion

Here are some more uses of *faire*:
1. *Faire* in connection with an activity:
   Je fais du tennis.
   Elle fait de la natation.
   Il fait des mathématiques.
2. (a) *Faire* followed by an infinitive in the sense of 'causing something to
   happen':
   Je fais réparer le toit.
   Elle fait travailler son fils.
   Il fait vendre ses produits.
   Prends ça, ça fait dormir.
   Elle a fait pousser de jolies fleurs dans son jardin.
   Il a fait couper les cheveux de son fils.
   (b) *Se faire* meaning 'to get something done/built/made for you by
   somebody else':
   Elle se fait bâtir une villa au bord de la mer.
   J'aime me faire conduire en voiture.
   Il s'est fait couper les cheveux.

Practice

(a) Here is a brief description of M. and Mme Ledoux's likes and dislikes:

M. Ledoux aime le jardinage et presque tous les sports. Tous les dimanches matins on le voit d'abord au parc puis à la piscine. C'est lui qui va au marché acheter fruits et légumes, viandes et fromages. Il a horreur du ménage, de la vaisselle, de la cuisine et n'aime pas tellement s'occuper des enfants. Il rêve de costumes sur mesures, de travailler à la télé et de prendre sa retraite dans les Alpes.

Mme Ledoux a horreur du jardinage et de presque tous les sports. Elle préfère s'occuper de sa maison et de ses enfants dont elle s'inquiète beaucoup. En fait elle n'aime pas beaucoup sortir (Mme Ledoux a très peu d'amis) même si c'est pour aller au coin de la rue acheter du beurre, du lait ou une bouteille de vin. Elle rêve d'être actrice de cinéma, de s'habiller chez Dior, de prendre sa retraite sur la Côte d'Azur et de posséder une voiture de sport.

(b) Now play the part first of M. Ledoux, then of Mme Ledoux and tell your partner about your likes, dislikes and dreams. Use *faire, faire/se faire* + infinitive as required. Use the list below if need be:

J'aime . . ./Je préfère . . . *faire la cuisine, le ménage, les courses*
                                             . . .

Je rêve de . . . *faire du tennis, du jogging . . .*
Ce que je voudrais, c'est . . . *faire lire/manger/travailler les*
                                         enfants . . .

J'ai horreur de . . . *se faire construire un châlet/une villa*
                                             . . .

Je déteste . . . *se faire conduire/servir*

(c) Now tell your partner about your *own* likes, dislikes and dreams using *faire, faire/se faire* + infinitive.

(d) **Role reversal: 'Dr Jekyll and Mr Hyde'**
Now play Mr Hyde to your Dr Jekyll. Do the same exercise for a character totally opposite to your own.

Le savoir-lire

'Assurance fou rire'

(a) To help you, you ought to know that this text is to do with insurance companies (in French *assurance, mutuelle*).
Before tackling the exercises that follow, go back to Unit 3 p. 42–3 and read again our suggestions on the way to proceed.

La lecture assidue de déclarations d'accidents, sinistres et autres catastrophes offre de secrets plaisirs. Jugez-en vous-même à ces 'perles' qu'une grande mutuelle a relevées dans son courrier.

D'abord, les (presque) banales demandes de renseignements où surgit

6

l'imprévu. 'Nom: Martin. Prénom: Jules. Né: oui.'

Ou encore, 'Siège et nature des blessures: siège avant droit' et 'pour la date de l'accident, c'est le vendredi précédant le mardi'.

La rubrique 'situation familiale' révèle aussi d'incroyables combinaisons comme 'Je suis marié depuis douze ans avec un enfant de six ans', 'Je suis le'épouse assurée tous risques d'une Simca 1000', et encore 'Puis-je savoir si mon frère, qui n'est ni ma femme ni l'un de mes enfants, peut se servir de ma voiture?' Mieux encore. Celui-ci prend sa belle plume pour annoncer: 'Ne sachant pas écrire il m'est impossible de faire une déclaration verbale'.

Ce n'est sans doute pas toujours gai dans les bureaux d'assurances, mais quand on a des clients comme ça, le fou rire doit parfois éclater.

(b) Make a list of the key words.

(c) Give the gist in English of what the article is about.

(d) What is the English for:

1. perle
2. l'imprévu
3. siège
4. combinaison

5. assurée tous risques
6. plume
7. déclaration verbale
8. le fou rire

(e) Now see if you've understood the article in detail.
Pick out what's wrong in the following statements and put them right.

1. Nom: Martin.
   Prénom: Jules.
   Né: Oui.
2. Siège et nature des blessures: siège avant droit.
3. Date de l'accident: le vendredi précédant le mardi.
4. Je suis marié depuis onze ans avec un enfant de six ans.
5. Je suis l'épouse assurée tous risques d'une Simca 1000.
6. Puis-je savoir si mon frère, qui n'est ni ma femme ni l'un de mes enfants, peut se servir de ma voiture?

(f) What's contradictory about the following sentence? *Mieux encore, celui-ci prend sa belle plume pour annoncer 'ne sachant pas écrire, il m'est impossible de faire une déclaration verbale'.*

(g) Finally, find in the text the French for:

1. reading
2. mail
3. trivial
4. preceding
5. rubric

6. to use
7. even better
8. probably
9. offices
10. to burst

Unit 7
Au musée du Jeu de Paume

FOCUS

In this unit you revise and develop ways of expressing opinions and preferences and ways of agreeing, disagreeing, complimenting and congratulating. You also revise the pluperfect tense and the different usage of *c'est* and *il est*. You extend your knowledge of *ce qui* and *ce que*.

Key words and phrases

les Impressionnistes	*le Réalisme*
c'est payant	*il a provoqué un grand scandale*
la carte (d'étudiant)	*une dame de petite vertu*
'Le déjeuner sur l'herbe'	*se voir confrontés publiquement*
l'Impressionnisme	*en cachette*

○○ Dialogue

Une semaine plus tard David et Do décident d'aller au musée du Jeu de Paume pour admirer les chefs-d'œuvre des Impressionnistes.

DO   Alors, comment on y va? A pied ou en métro?

DAVID   (*Il récite*.) En avion, en train, en bus, en vélo mais à cheval, à bicyclette . . .

DO   Qu'est-ce que tu as? Tu n'es pas fou, non?

DAVID   Réflexe pavlovien, ma chère! C'est comme ça qu'on m'a appris le français.

DO   Ils sont fous ces Anglais! Alors, on marche ou on prend le métro?

DAVID   On marche.

    (*En chemin ils tombent sur Eric.*)

DO   Eric! Quelle surprise!

ERIC   Mauvaise, je suppose.

DAVID   Non, au contraire. On va au musée du Jeu de Paume, tu viens avec nous?

ERIC   *(En regardant Do.)* Je ne sais pas si je suis désiré.

DO   Grosse nouille, va! Bien sûr que tu es 'désiré'. Allez, viens!

  (A l'entrée du musée.)

DAVID   Tiens, c'est payant?

DO   Toujours. Rien n'est gratuit ici-bas.

DAVID   En Angleterre, c'est gratuit.

DO   Vive la Reine! Mais tu sais le dimanche, c'est gratuit.

ERIC   Ne t'inquiète pas mon vieux, c'est demi-tarif pour les étudiants.

DAVID   Mais je n'ai pas ma carte! Je l'ai oubliée!

ERIC   Ça ne fait rien, on va s'arranger avec ce qu'on a. *(Au guichet.)* Trois billets 'étudiant' s'il vous plaît. *(A David.)* Et voilà, mon vieux, le tour est joué.

DO   Bravo Eric!

  (Ils entrent et s'arrêtent devant 'Le déjeuner sur l'herbe'.)

ERIC   C'est beau, tu ne trouves pas, David?

DAVID   Ah, tu trouves? Il y a quelque chose de bizarre dans ce tableau.

ERIC   Ah oui?

DAVID   Oui. Je crois que c'est le contraste qu'il y a entre les deux hommes qui sont habillés et la jeune femme qui, elle, ne l'est pas.

ERIC   Tu es choqué?

DAVID   Non pas choqué mais surpris.

DO   Je sais ce que tu veux dire, David, ce n'est pas très
réaliste.

ERIC   Ce n'est pas très réaliste! Quelle importance! Ce qu'il faut
comprendre, c'est que l'Impressionnisme se développe à
partir du Réalisme. Et puis d'abord, qu'est-ce que ça veut
dire 'réaliste', hein?

DO   Ça veut dire 'qui correspond à la réalité'.

ERIC   Ouais, eh bien, tu n'as rien expliqué. (*A David.*) J'aime
beaucoup ce tableau. Il a provoqué un grand scandale à la
fin du siècle dernier – précisément parce que la jeune
femme est nue.

DO   Rien de nouveau à cela! La 'Vénus' de Botticelli est à
moitié nue, les fresques de la chapelle Sixtine sont
couvertes d'anges nus sans parler des statues grecques – la
'Victoire de Samothrace', par exemple, qui domine
l'escalier principal du Louvre.

ERIC   C'est vrai tout ça – mais ce qui est nouveau, ce n'est pas le
fait de représenter un 'nu' en peinture on en sculpture; ce
qui est nouveau, c'est la nature du nu.

DO   Quoi, la 'nature du nu'? Explique-toi clairement.

ERIC   Ce qui est nouveau, c'est de peindre 'nue' une jeune femme
ordinaire et non pas une Vénus, un ange ou une déesse.
C'est ça qui a scandalisé. C'est ça qu'on a reproché à Manet.

DAVID   Ce n'est pas hypocrite de lui avoir reproché cela?

ERIC   Mais bien sûr que si! Son autre tableau, qui a aussi
beaucoup scandalisé les Bourgeois de l'époque, c'est celui-
ci – 'Olympia'.

Vocabulary

un réflexe pavlovien = un réflexe automatique
Ils sont fous ces Anglais! = phrase rendue célèbre par Obélix, l'ami
d'Astérix. Tous deux sont des personnages de bandes dessinées
tomber sur = (ici) rencontrer par hasard
grosse nouille = (affectueux) idiot, imbécile
le tour est joué = (ici) c'est fait
l'Impressionnisme, le Réalisme = des mouvements artistiques de la
fin du siècle dernier
une toile = un tableau
une dame de petite vertu = une prostituée
au vu et au su = en public
se voir confrontés = être mis face à face
fréquenter – *to visit regularly*
ils se sentaient visés – *they felt themselves under attack, hence 'got at'*
(*literally 'aimed at'*)

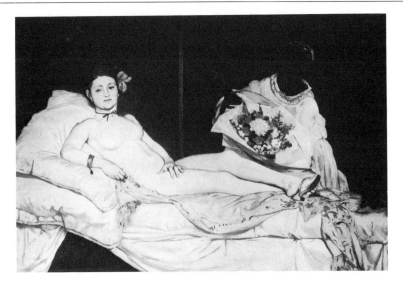

DAVID Je préfère nettement ce tableau. Il est admirable. Ah, qu'elle est belle!

DO Ah, oui. C'est vraiment une belle toile!

ERIC N'est-ce pas. Eh, bien, figure-toi qu'elle a beaucoup choqué.

DO J'aime beaucoup le contraste noir et blanc et aussi son air un peu moqueur.

DAVID Je dirais plutôt serein.

DO Moqueur et serein, ça n'est pas contradictoire.

ERIC Eh bien, justement ce qui a beaucoup choqué, c'est le contraste noir et blanc et aussi son air.

DAVID Pourquoi son air?

ERIC Parce que Manet avait peint une dame de petite vertu et l'avait exposée triomphante au vu et au su de tout le monde.

DO Et alors?

ERIC Alors, ces bons Bourgeois ne supportaient pas de se voir confrontés publiquement avec une représentante de ces dames qu'ils fréquentaient en cachette. Ils se sentaient visés, quoi.

DO Ça leur donnait mauvaise conscience, c'est ça?

ERIC Tu apprends vite, Do. C'est exact. C'est ça, l'hypocrisie bourgeoise.

DO (*Sincèrement.*) Mes compliments! Mais tu en sais des choses, ma parole!

ERIC Tu n'as pas le monopole du savoir que je sache!

DO Du tout, du tout!

Communicating

7.1. Expressing opinions

7.1.1. Expressing surprise – Recap

Eric, quelle surprise! says Do.
In the text the feeling of surprise expressed by Do is at meeting Eric
unexpectedly. She could – just as easily – have said
Ça alors, Eric!
Tiens, Eric!
Ça pour une surprise, c'est une surprise!

Expansion

You might also want to express a feeling of surprise about a piece of news
or event. Here are other ways of conveying such a sentiment.
NOTE the distinction between registers R1, R2 and R3.

R1	R2	R3
Sans blague!	*Ce n'est pas croyable!*	*C'est surprenant!*
Ma parole!	*C'est incroyable!*	*C'est étonnant!*
Ce n'est pas vrai!	*Ce n'est pas possible!*	*Je ne m'y attendais pas!*
	Je n'en reviens pas!	
	Je rêve ou quoi?	

Practice

Using the phrases and expressions given above, express your surprise,
astonishment to the following statements made (a) by friends (b) by
colleagues or people you've just met.

1. Le gouvernement français a passé une loi interdisant à tout couple marié d'être sans enfant pour plus d'un an après le mariage.
2. Le pape s'est enfui du Vatican.
3. La Reine d'Angleterre a légué toute sa fortune aux pauvres du Tiers Monde.
4. Il paraît que Kennedy a été assassiné par le FBI.
5. Les vignobles du Bordelais ont été plantés par des Anglais.
6. En fait le père de l'Impressionnisme, ce n'est pas Manet, c'est Pissaro.
7. Le gouvernement britannique a décidé de supprimer l'impôt sur l'alcool.
8. Les Américains ont acheté la Tour Eiffel.

7.1.2. Expressing admiration – Recap

Bravo, Eric! exclaims Do.
And later she adds:
Mais tu en sais des choses, ma parole!

Il est admirable. Ah, qu'elle est belle! says David admiring the painting.

Ah, oui, c'est vraiment une belle toile agrees Do.

Expansion

Here are other ways of expressing one's admiration.

NOTE the distinction between registers R1, R2 and R3.

R1	R2	R3
C'est chouette!	*J'admire la peinture/le*	*C'est fascinant!*
C'est super!	*livre/la sculpture de*	*C'est admirable!*
C'est extra!	. . .	*C'est magnifique!*
C'est renversant!		*C'est surprenant!*
	Admirable!	
	Magnifique!	
	C'est prodigieux!	
	C'est génial!	

7.1.3. Expressing preferences/likes/dislikes – Recap

Je préfère nettement ce tableau says David.

J'aime beaucoup ce tableau says Eric.

You're probably already quite competent at expressing a preference and also your likes and dislikes. But let's check.

Practice

How would you say the following?

1. I like him.
2. I like him a lot.
3. I love him.
4. I prefer him.
5. I'm in love with him.
6. I'm mad about him.
7. I'm fond of him.
8. I can't stand him.
9. (Frogs' legs?) I love them.
10. I don't like him very much.
11. I hate them.
12. I can't stand them.

In case you're stuck, here are a few possible answers (not in the previous order).

1. Je ne l'aime pas beaucoup.
2. Je suis folle de lui.
3. Je l'aime.
4. Je l'aime beaucoup.
5. Je l'aime bien.
6. Je suis amoureuse de lui.
7. Je ne peux pas le voir.

8. Je les adore.
9. J'ai de la sympathie pour lui.
10. Je ne les supporte pas.
11. Je le préfère.
12. Je les hais.

7.2. Expressing agreement/disagreement

7.2.1. Agreement – Recap

Évidemment! exclaims Eric agreeing strongly with what David has just said.

Earlier on he approved what Do said by exclaiming:
C'est vrai tout ça! and again later
C'est exact.

Expansion

You can express agreement strongly or in a neutral way

Strong	Neutral
Ah! Oui, alors!	*Oui.*
Certes!	*Sans doute.*
Absolument!	*En principe ...*
D'accord!	*Admettons ...*
Bien entendu!	*C'est bien possible.**
C'est certain!	*Si tu veux/vous voulez.**

* NOTE Of course these can also be a polite way of disagreeing.

7.2.2. Disagreement – Recap

Non, au contraire! says Do disagreeing with Eric's implication.
Ah, tu trouves? replies David to Eric's question (*C'est beau, tu ne trouves pas?*)

Expansion

You can express disagreement strongly or in a neutral way.

Strong	Neutral
Ah! Non, alors!	*Non.*
C'est complètement faux!	*Ah, tu trouves?*
Ce n'est pas vrai.	*Tu exagères.*
Absolument pas.	*Je ne suis pas d'accord.*
Sûrement pas.	*Je ne pense pas.*
Jamais de la vie!	*Je ne crois pas.*

Practice

Agree/disagree with the following statements either strongly or in a neutral way according to your feelings.
1. 'Le déjeuner sur l'herbe', c'est la plus belle peinture de Manet.
2. Je pense que le mariage est une institution dépassée.

3. Dans quelques années les hommes vivront sur la lune.
4. Napoléon était un vrai dictateur.
5. C'est plus dangereux – en cas d'accident – d'attacher sa ceinture de sécurité que de ne pas le faire.
6. L'Eurocommunisme est très dangereux pour l'Europe.
7. Trop d'ail dans les ragoûts nuit au goût.
8. On doit toujours boire le vin rouge chambré.
9. Arriver à l'heure, c'est la politesse des rois.
10. C'est toujours la femme au volant qui provoque les pires accidents.

7.3. Complimenting and congratulating

7.3.1. Recap

Bravo, Eric! Do congratulates Eric on getting the tickets.

And later on she compliments him on his knowledge of the Impressionists: *Mes compliments! Mais tu en sais des choses, ma parole!*

7.3.2. Expansion

In French *mes compliments* and *mes félicitations* are interchangeable.
But (*mes*) *félicitations* can be used in a wider way than the English 'congratulations'.
There are other ways of complimenting and congratulating:

R1	R2	R3
Chapeau!	*C'est bien*	*Je vous félicite.*
	Ce n'est pas mal (du tout)	*Félicitations!*
	to express even greater	*Toutes mes félicitations.*
	enthusiasm:	*Tous mes compliments.*
	C'est fantastique!	
	C'est formidable!	
	C'est génial!	

NOTE Complimenting and congratulating formally (mainly in writing) are done in the following way:

Veuillez accepter toutes mes/ nos félicitations concernant $\begin{cases} le\ mariage\ de\ \dots \\ la\ réussite\ de\ \dots \\ la\ naissance\ de\ \dots \end{cases}$

Permettez-moi de vous adresser toutes mes/nos félicitations/compliments pour . . .

Practice

The following people are being congratulated (the French tend to offer congratulations for everything). With your partner, make up the dialogue.
1. David félicite Do. Elle vient de réussir à ses examens.
2. Do félicite Eric. Il vient de passer son permis de conduire.
3. Mme Duchêne félicite David. Il a gagné aux courses.
4. Madeleine félicite Do. Elle a trouvé un nouvel appartement.
5. Vous félicitez votre meilleure amie pour la naissance de sa fille.

6. Vous félicitez votre collègue pour sa promotion.
7. Vous félicitez votre femme/mari pour son nouveau poste.
8. Un ami vient d'hériter d'une grosse somme d'argent. Vous le félicitez.
9. Vous félicitez votre supérieur pour son mariage.
10. Vous félicitez votre voisin pour l'achat de sa nouvelle voiture.

Grammar

7.4. Referring to the past – the pluperfect

7.4.1. Recap

You have revised so far two ways of referring to the past:
1. Referring to completed past actions using the perfect tense (1.5).
2. Referring to incomplete past actions using the imperfect tense (4.3).

Now focus on the distinction between two completed past actions, one of which is further back in the past than the other, USING THE PLUPERFECT TENSE.

David asks, talking about Manet's *Déjeuner sur l'herbe*:

Pourquoi son air a-t-il choqué?

Eric replies:

Parce-que Manet avait peint une dame de petite vertu et l'avait exposée triomphante au vu et au su de tout le monde.

Eric's explanation tells you what HAD happened (beforehand) to cause people to be shocked.

So when referring to two completed past actions, use the PLUPERFECT TENSE to distinguish which is further in the past than the other.

7.4.2. Expansion

It is quite common in French to have a number of verbs in the perfect tense following each other, especially in *français courant*. But the pluperfect is used to make the relationships between these actions more clear, as the following dialogue shows.

Eric is waiting for Do outside the Opéra.

> ERIC Te voilà enfin! Tu sais que ça a déjà commencé! Il est neuf heures et quart! Et comment ça se fait que tu arrives en jeans?
>
> DO Je sais, je sais! Il y avait une circulation monstre sur le boulevard, j'ai passé une demi-heure à faire deux kilomètres. Je n'ai pas eu le temps de rentrer chez moi, alors je suis venue comme ça.
>
> ERIC Tant pis pour toi! On ne te laissera jamais entrer comme ça!

7

The next day, Do describes the incident to Christine.

> DO En principe, je devais voir Eric à l'Opéra à huit heures trente, mais je suis arrivée bien plus tard. Il y avait une circulation folle! *Comme j'avais passé* une demi-heure à faire deux kilomètres, je ne suis pas rentrée chez moi. Alors, *puisque je n'avais pas eu le temps* de rentrer chez moi pour me changer, j'ai dû arriver à l'Opéra en jeans. Mais la tête qu'il faisait!

Notice the link words: *comme*, *puisque*. The others are:
parce que, *quand*, *car*, *vu que*

Practice

(a)   *'Ça m'a pris du temps pour arriver au travail ce jour-là.'*
○○   Listen to M. Duchêne describing to a colleague why he was late for work. Then reconstruct his account, using the prompts given.

> Ce jour-là, (quitter) la maison à huit heures.
> (Faire) dix kilomètres (réaliser) (laisser) dossiers indispensables
> (Retourner) chez moi
> (Perdre) les clefs de la porte
> Ma femme (partir) en ville
> Elle (fermer) toutes les fenêtres avant de partir
> (Demander) dans plusieurs magasins si ma femme (passer) par là
> Le boucher la (voir) (se diriger) vers la bibliothèque
> Je la (retrouver)
>
> (Arriver) au travail avec plus de deux heures de retard!
> Le patron – furieux – me (attendre)
> Je (essayer) de lui expliquer ce qui me (arriver)
> Il ne (vouloir) rien savoir
> Il me (regarder) froidement il me (dire) 'J'ai à vous parler'
> Je le (suivre) dans son bureau
> Il (s'asseoir) et moi je ne pas (savoir) si je (devoir) m'asseoir ou non
> Il (prendre) un cigare, le (allumer), il me (dire):
> 'Eh bien, Duchêne, cette partie de golf, on la fait oui ou non?'

(b) Imagine each sentence given below is the last line of a newspaper report. Then use the prompts to reconstruct the chain of events which led up to the final action.

EXEMPLE:
'Elle s'est suicidée le lendemain.'

> sa mère (mourir) récemment.
> (faire) une dépression nerveuse
> ce jour-là, (passer) une très mauvaise journée
> au travail, ses collègues (rejeter) toutes ses propositions
> (oublier) un rendez-vous très important
> (découvrir) l'infidélité de son mari

Here's the whole story:

> Sa mère était morte récemment. C'est pourquoi elle avait fait une dépression nerveuse. Elle avait passé une très mauvaise journée ce jour-là. Le matin même, ses collègues avaient rejeté toutes ses propositions. En plus, elle avait oublié un rendez-vous très important dans l'après-midi. Encore pire, elle avait découvert l'infidélité de son mari. Elle s'est suicidée le lendemain.

1. 'Le lendemain, 31 juillet 1983, le ministre a démissionné.'

> collègues (dénoncer) en public
> au meeting de la jeunesse, les jeunes (rejeter) sa philosophie
> femme le (quitter) pour un homme plus jeune
> journalistes (attaquer) sa politique économique
> amis le (trahir)
> premier ministre le (réprimander)

2. 'Cette étudiante a quitté la faculté six mois après.'

> (vivre) jusque-là dans un petit coin de la campagne
> ne pas (connaître) des gens de son âge
> (passer) sa jeunesse à lire des livres romantiques
> (aller) très rarement dans une grande ville
> ses parents la (tenir) à l'écart de l'autre sexe
> ne pas (pouvoir) s'adapter à la vie d'étudiant

(c) Look again at Do's description of her evening at the Opéra with Eric (7.4.2.). Using the phrases given below, continue her story.
> Comme il (acheter) le billet je le (remercier).
> Puisque il (payer) un coca à l'entracte je (supporter) sa mauvaise humeur. En plus parce que je (oublier) mon porte-monnaie il (offrir) dîner. Finalement vu que je (raccompagner) chez lui il (inviter) prendre un café. Mais quelle soirée épouvantable!!!

7.5. Ce qui, ce que

1. _Ce qui est nouveau, c'est la nature du nu._
2. _Ce qui a beaucoup choqué, c'est le contraste noir et blanc._
3. _Tu ne sais pas ce que je veux._
4. _Ce qu'il faut comprendre, c'est que l'Impressionisme se développe à partir du Réalisme._
5. _C'est moche, ce que tu dis là._

Students are sometimes hesitant over using _ce qui_ and _ce que_. It is crucial to understand the way each is used and to be able to handle them confidently.

Ce qui functions in much the same way as _qui_ (see 4.4), but it refers to a whole clause. It is the subject of its own clause. For example, in 1, above, _ce qui_ is the subject of _est_.

Ce que also refers to a whole clause, and it is the _object_ of its own clause. For example, in 3, above, _ce que_ is the object of _je veux_.

7

Practice

(a) **Enquête**: Est-ce que vous aimeriez habiter seul(e)? ou avec quelqu'un? ou à plusieurs?

Use *ce qui* and *ce que* together with the suggested vocabulary in your answers. Work out your own attitude with your partner, and listen to each other's replies. Make notes.

EXEMPLE:
Ce qui m'attire dans le mariage, c'est la vie stable.

attirer	la monotonie	la vie stable
aimer, ne pas aimer	une liaison	la fidélité
agacer	la nouveauté	la certitude
ne pas comprendre	partager les frais	l'avenir certain
vouloir éviter	vivre en communauté	la vie à deux
redouter	compter sur quelqu'un	la routine
devoir essayer		l'imprévu
faire peur		l'ennui

Now give the rest of the class an account of your partner's attitudes. Develop the reasons he/she gave earlier, using such phrases as:

> *C'est-à-dire, il/elle ne veut pas ...*
> *Il/elle a toujours pensé que ...*
> *C'est l'exemple de ses parents qui a ...*

(b) Use *ce qui* and *ce que* correctly in this exercise.
1. Alors tu regrettes? – Non, ... est fait, est fait.
2. ... est bon pour vous ne l'est pas pour les autres!
3. ... serait bien, ce serait d'y aller en car.
4. ... tu veux et ... je dis sont deux choses très différentes.
5. Montrez-lui ... il doit faire, s'il vous plaît.
6. ... je n'aime pas, c'est le bruit que ça fait.
7. Je ne comprends pas ... te choque!
8. C'est embêtant ... il dit, non?
9. Attends! Je ne t'ai pas encore raconté tout ... il a dit!
10. Il aime tout ... est beau.

(c) Before tackling this exercise, go back to 4.4. to consolidate the use of *qui* and *que*.
Decide whether *qui*, *que*, *ce qui* or *ce que* should be used here.
Le théâtre – ..., d'ailleurs, Durand avait lui-même fondé – avait été établi en 1964. Ceux ... ont formé la première clientèle étaient surtout des étudiants, principalement des étudiants en lettres modernes. Le genre de pièces ... on y jouait souvent les intéressait beaucoup. Mais peu à peu cette clientèle a changé. ... Durand avait toujours souhaité était de créer un théâtre ... attirerait des gens de toutes les classes et de tous les âges, ... était difficile, dans la société profondément divisée de l'époque. On peut dire qu'il a réussi à apporter à un large public des expériences nouvelles. Et si certains critiques ... ont un peu méprisé ... il a fait, l'ont souvent critiqué, ce n'est pas leur opinion ... l'a beaucoup troublé.

7.6. C'est or il est?

7.6.1. Recap

Choosing between *c'est* and *il est* is a problem that occurs up to quite an advanced level – so don't worry if you're not getting it right all the time. While French usage has become less clear-cut in recent years, it's still important that you should be able to use them correctly. (A rule of thumb is that *c'est* will be right in about 80% of cases – especially in speech.)

Use *c'est*:
    1. When you're summing up a general idea.
       Talking about entry into the Jeu de Paume, David says:
       Tiens, c'est payant? En Angleterre, c'est gratuit.
    2. When you're referring back to an idea already mentioned and adding information or a comment to it:
       J'adore entendre la langue japonaise, c'est si mélodieux!
       Faire la vaisselle, c'est embêtant!

Use *il est/elle est* when there is a specific noun to refer back to:
    Attention au chien! Il est méchant.
    Regarde-moi cette bonne femme! Elle est ridicule, non?

7.6.2. Expansion

Use either *c'est* or *il est* when you want to refer forward to an idea that occurs later in the sentence.

R2 (use *c'est*)	R3 (use *il est*)
C'est impossible de savoir s'il le fera.	*Il est impossible de savoir s'il le fera.*
C'est incroyable de croire encore aux fantômes!	*Il est incroyable de croire encore aux fantômes!*

Practice

    1. Tu as vu cette voiture? ... est belle, hein?
    2. Le vin, ... ma passion.
    3. ... affreux de penser comme ça!
    4. Il y a plein de gens au marché – le samedi, ... toujours comme ça.
    5. Et avec ça, Madame? – Ah, ... tout?
    6. Ça, ... typique de lui!
    7. Déjà rentrée? Ah, ... vrai, tu rentres tôt le mardi.
    8. Il a des idées géniales parfois, mais ... sont souvent difficiles à réaliser.
    9. Tout ce travail, ... du temps perdu.
    10. Tu as vu ce chauffeur de taxi? ... incroyable qu'on puisse conduire comme ça!
    11. Ne lui donne pas tant que ça, s'il te plaît, je t'assure que ... trop.
    12. ... dégoûtant que les gens puissent mourir de froid dans une société dite civilisée.
    13. Ne la laisse pas tomber comme ça! Les télévisions, ... cher.

7

Contrast and compare

7.7. J'apprends le français/J'apprends le français à Nicole

What is difficult here is that in French there is basically one verb to express both 'to learn' and 'to teach'.

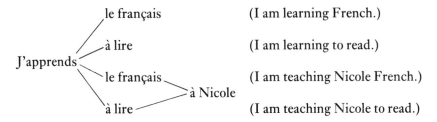

J'apprends

le français   (I am learning French.)

à lire   (I am learning to read.)

le français à Nicole   (I am teaching Nicole French.)

à lire à Nicole   (I am teaching Nicole to read.)

NOTE 1. *J'enseigne le français* (I am teaching French) is a general statement.

2. You could, instead of *J'apprends le français à Nicole*, use the alternative *J'enseigne le français à Nicole*.

Practice

(a) Translate into English.
1. J'apprends à danser.
2. Elle apprend à lire aux enfants.
3. Il apprend l'allemand.
4. J'apprends le crochet.
5. Do apprend l'anglais.
6. On lui a appris très mal le français.
7. On m'apprend à jouer du piano.
8. J'apprends à nager.

(b) Translate into French.
1. I'm learning to drive.
2. I've been learning to swim for three years and I still can't.
3. He is teaching her Spanish.
4. She is teaching him how to cook.
5. I am teaching my children to write.
6. She is learning a new language.
7. He learnt to drive during his summer holidays.
8. I was taught Italian in Rome. (Use *on*.)

7.8. Sentir/se sentir

What is difficult here is that in French there is basically one verb to express both 'to smell' and 'to feel'.

7.8.1. Recap

Mm, ça sent bon!
Ce camembert sent très fort.
Ça sent l'essence.

Sentir in these examples means 'to smell' or 'to smell of'.

7.8.2. Expansion

Sentir can have other meanings.
1. *Sentir* can mean to feel (something)
   Je sens un courant d'air dans mon dos.
   Je sens la chaleur du soleil sur mes épaules.
2. *Se sentir* is used to express how one feels
   Je me sens mal.
   Elle se sent heureuse.

Practice

(a) Translate into English:

1. Ce fromage-là sent un peu fort.
2. Elle sentait la chaleur du soleil sur sa peau.
3. Ces fleurs sentent très bon.
4. Ça sent bon le poulet rôti.
5. Je me sens toute bizarre.

(b) Translate into French:

1. Smell this and you'll feel better.
2. He smelt gas and felt very tired.
3. You smell nice today.
4. She is feeling very lonely at the moment.
5. I am not feeling well.

Le jeu des contraires

Fill in the squares in the box on the right to give the opposite of these adjectives. Each empty square corresponds to one letter. The first letter of each answer will give you a word which could be described by these adjectives.

1. Laid
2. Calmant
3. Atroce
4. Commun
5. Ordinaire
6. Banal
7. Inutile
8. Ancien
9. Petit

Unit 8
Au Carthage

FOCUS

In this unit you are given some practice in different ways of complaining and apologising, you revise the past conditional and do further work on pronouns.

Key words and phrases

un couscous
le goût
je n'ai pas assez de fric
les Manet, les Monet, les
Degas, les Seurat

mon steak est infecte
renvoie-le
en compensation

○○ Dialogue

Après le Jeu de Paume, David, Eric et Do sont revenus au Quartier Latin pour manger dans un petit restaurant pas cher de la rue de la Huchette.

ERIC Alors, ton petit restaurant pas cher, où est-il?

DO Patience! Tiens, le voilà!

ERIC Oh! Encore un couscous! Tu n'as pas les goûts variés.

DO Arrête de te plaindre! Tu adores le couscous. Et puis ce n'est pas cher, c'est très bon et copieux et moi, j'ai une faim de loup.

DAVID Ça a l'air sympa à l'intérieur. Il y a des chandelles sur les tables.

ERIC Ouais, c'est pour ne pas voir la viande qu'on nous sert.

DO Ce que tu es mauvaise langue! Allez, venez, on y va.
(Ils y entrent.)

SERVEUSE Combien êtes-vous?

DO Trois.

(*On l'interpelle.*)

PHILIPPE   Eh! Do, par ici!

DO   Philippe! Qu'est-ce que tu fais là?

PHILIPPE   Eh bien, tu vois, je mange.

DO   Je suis avec deux copains. (*Elle fait les présentations.*) Eric, David ... Philippe.

PHILIPPE   Salut! Asseyez-vous. Je vous présente ma copine Christine.

CHRISTINE   Salut!

SERVEUSE   Tenez, voilà le menu.

DO   Merci bien. David, je te conseille le couscous-brochette ou mieux encore, si tu es affamé, le couscous royal.

DAVID   Qu'est-ce que c'est que le 'royal'?

PHILIPPE   C'est un couscous accompagné de trois sortes de viandes: agneau, bœuf, brochette ou poulet.

DAVID   Va pour le 'royal'.

DO   Tu ne veux pas d'entrée?

DAVID   Non, le 'royal' me suffit ... Attends! (*Il lit.*) Mermouma ... Tiens, qu'est-ce que c'est qu'une 'mermouma'?

DO   C'est une salade de poivrons et de tomates qu'on fait mijoter dans l'huile. C'est une specialité tunisienne.

DAVID   OK! Je me laisse tenter. J'en prends une.

DO   Et toi, Eric, qu'est-ce que tu prends?

ERIC   Un steak-frites.

DO   Tu n'es pas fou, non? On ne commande pas un steak-frites dans un restaurant tunisien! Prends un couscous comme tout le monde!

ERIC   Je n'ai pas envie de couscous. D'ailleurs, je n'ai pas assez de fric pour un couscous.

DO   Eh, bien. Je te prête 20F. Tu ne veux pas? ... Bon, si ce n'est pas fameux, ne viens pas te plaindre! Je t'aurai assez prévenu! Franchement, tu es complètement cinglé!

ERIC   Je sais, tu me l'as déjà dit.

* * * *

DO   On est allé au Jeu de Paume cet après-midi. On a vu les Impressionnistes. Fabuleux!

DAVID   Do a raison. C'était fabuleux.

CHRISTINE   Quel tableau as-tu préféré, David?

DAVID   C'est difficile à dire. J'ai beaucoup aimé les Manet, les Monet, les Degas, moins les Renoir et pas du tout les Seurat.

CHRISTINE   Ah? Moi j'adore Seurat. Quel artiste! Il est d'une précision mathématique dans son choix des couleurs.

DAVID   Oui, mais ses peintures ont un air d'irréalité. Tout y est si calme, si tranquille ...

CHRISTINE   Si paisible. Oui, c'est précisément ça qui me plaît tant chez Seurat – cette paix.

ERIC Oh, là, là! Mon steak est infecte. Immangeable! C'est de la semelle. Et les frites, ce n'est pas terrible. Elles sont plutôt huileuses.

DO Tu n'aurais pas dû prendre un steak-frites. Si tu m'avais écouté, tu aurais pris un couscous comme tout le monde. (*A David.*) Je lui ai dit et répété de prendre un couscous, mais non! Monsieur est têtu! (*A Eric.*) Tu n'as que ce que tu mérites!

PHILIPPE Mon pauvre vieux, si c'est si infecte que ça, renvoie-le. (*Il appelle.*) Mademoiselle!

SERVEUSE Oui, Monsieur?

PHILIPPE Regardez ce steak, il est dur comme de la pierre!

ERIC Et les frites, elles sont huileuses.

SERVEUSE Je m'excuse, Monsieur. Donnez, je vais vous le changer tout de suite.

(*Quelques minutes plus tard.*)

SERVEUSE Voilà Monsieur, un steak tendre comme du beurre et des frites croustillantes à plaisir! La Direction vous prie d'accepter toutes ses excuses. En compensation, elle vous offre le digestif.

DAVID Mm . . . c'était délicieux! Si j'avais pu, j'en aurais repris.

DO Qui t'en empêche?

DAVID Mon estomac . . . j'ai trop mangé!

DO Philippe, qu'est-ce que vous faites maintenant?

PHILIPPE Rien de bien précis. On pensait flâner sur le Boul' Mich.

DO Venez au ciné avec nous. On a juste le temps de voir la séance de minuit.

CHRISTINE Qu'est-ce qu'on joue?

DO Attends, je vais te le dire. (*Elle ouvre l'officiel des spectacles.*)

Vocabulary

encore un couscous = (ici) encore un restaurant où l'on mange du couscous

se plaindre – *to complain*

c'est copieux = c'est abondant

j'ai une faim de loup = j'ai très faim

une chandelle = une bougie

être mauvaise langue = critiquer, dire du mal des gens

une brochette – *a kebab*

le fric (*fam.*) = l'argent

tu es cinglé (*fam.*) = tu es fou

mon steak . . . c'est de la semelle = mon steak est dur comme de la semelle

il n'en fait qu'à sa tête = il est têtu, il n'écoute jamais les conseils des autres

le digestif = ce sont les liqueurs servies après le café et qui (d'après les Français) aident à bien digérer – telles le cognac, l'armagnac, le Grand Marnier etc ...

Manet, Monet, Degas, Renoir, Seurat = des peintres Impressionnistes

Communicating

8.1. Complaining – Expressing displeasure and reacting to it

8.1.1. Recap

Oh, là, là! Mon steak est infecte. Immangeable! ... et les frites, ce n'est pas terrible ... complains Eric of his meal.

To which Philippe reacts sympathetically
Mon pauvre vieux! ...
Whereas Do says
Tu n'as que ce que tu mérites!
Previously she had told Eric
Arrête de te plaindre!
Complaining about events, people and things is an aspect of everyday life. So are the reactions of the people we are voicing our complaints to.

8.1.2. Expansion

It's useful to know how to complain politely (and sometimes more forcefully!) and also how to react to someone else's complaints.

Expressing displeasure
Ah! Je n'ai pas de chance!
Mon Dieu!
Quelle malchance!
Je n'ai pas de veine! (fam.)

If you are talking to someone

Reacting sympathetically	**Reacting unsympathetically**
(Mon) pauvre vieux! (fam.)	*Tant pis pour toi!*
(Mon/Ma) pauvre petit(e) (fam.)	*Je t'avais prévenu(e).*
Vraiment? Tu n'as pas de veine!	*Tu exagères!*
(fam.)	*C'est bien fait pour toi.*
(Mon/Ma) pauvre + prénom/nom	*Il n'y a pas de quoi se lamenter.*

If you are talking about someone else

Reacting sympathetically	**Reacting unsympathetically**
Pauvre + prénom/nom	*Tant pis pour lui/elle.*
Pauvre type	*Je l'avais prévenu(e).*
Pauvre fille	*C'est bien fait pour lui/elle.*
Le/la pauvre!	*Il/elle n'a que ce qu'il/elle mérite.*

8

Practice

(a) Listen to Eric saying he's fed up with events, people and things. Each time he complains react first as David or Philippe would – sympathetically, and then react as Do would – unsympathetically.

1. Je suis désolé d'être en retard, mais j'ai failli me faire écraser!
2. En plus j'ai perdu mon billet de métro et en plus il y a eu un contrôle des billets à la sortie.
3. Bien sûr, avec ma veine, le contrôleur m'a donné une amende.
4. Je mets la main dans ma poche pour prendre mon argent. Plus d'argent! Plus de porte-monnaie – rien!
5. Je réalise alors que j'ai oublié ma veste dans le métro!
6. Je vais au bureau du chef de station pour faire une déclaration de perte, le bureau était fermé!
7. Ah! vraiment, je n'ai pas de chance! Hier, j'ai perdu mon écharpe dans le bus, aujourd'hui j'oublie ma veste dans le métro!
8. Et pour comble, j'ai failli me faire écraser en traversant le Boul' Mich!

(b) And now your turn! Voice your complaints to two of your fellow students. One should react sympathetically, and the other one unsympathetically.

8.2. Apologising

8.2.1. Recap

Je m'excuse, monsieur says the waitress to Eric's and Philippe's complaints. And later on she adds the management's formal excuses to her own: '*La direction vous prie d'accepter toutes ses excuses.*'
Apologising is an important aspect of socialising. Of the two examples given above the first is simple, the other more elaborate and quite formal.

8.2.2 Expansion

Here are other ways of apologising.
NOTE the difference between registers R2 and R3.

R2	**R3**
Pardon.	*Je ne voulais pas vous*
Je regrette.	*vexer/blesser/ennuyer/faire*
Je m'excuse.	*de la peine.*
Je suis désolé(e).	
Je ne recommencerai pas.	
Je ne le ferai plus.	

Sometimes it is not enough to just say *je m'excuse* or *je regrette* and promise it won't happen again or it wasn't done intentionally. You may need to apologise more profusely, and to do that you need to use R3, like this:

Je vous prie de m'excuser/me pardonner.
Veuillez m'excuser/me pardonner.
Je suis vraiment/terriblement désolé(e).

If apologising is important, responding to someone who has apologised to you is also very important – it is often a mark of courtesy. Here are the most common ways of doing it.

R2	R3
Je t'excuse/te pardonne.	*Il n'y a pas de mal.*
Ça ne fait rien.	*N'en parlons plus.*
Ce n'est rien.	*Ce n'est pas (vraiment) (de)*
Ne t'inquiète pas.	*votre faute.*
Ne t'en fais pas.	

Practice

(a) Dans la chambre No. 13

1. First listen to what's happening to M. Chanceux in room 13. Listen to the key words as they come up.

placard	*RALBOL* (short for *ras-le-*
cintre (hanger)	*bol*)
oreiller (pillow)	*la direction*
douche	*le bouton de porte*
l'image	
le son	
tant pis!	
ampoule (bulb)	

2. And now listen again making notes of what goes wrong for him in this room. And then in your own words, say it.

3. Let's leave M. Chanceux to his despair. As you certainly know, reality is far worse than fiction. So let's practise how to complain to the hotel manager about all these things that went wrong in room 13. Your partner will play the suave hotel manager who has an excuse ready for every complaint.

VOUS Je voulais accrocher mes habits mais . . .

PATRON . . .

VOUS Alors, j'ai abandonné et je me suis allongé(e) sur le lit pour me reposer . . .

PATRON . . .

VOUS Ensuite, j'ai voulu prendre une douche et . . .

PATRON . . .

VOUS Exténué(e), j'ai mis la télé pour me distraire . . .

PATRON . . .

VOUS Puis, je vais pour mettre la lumière et pan! . . .

PATRON . . .

VOUS Alors, énervé(e), j'ai décroché le téléphone pour me plaindre mais . . .

PATRON . . .

VOUS Finalement, écœuré(e), je me suis précipité(e) sur la porte et . . .

PATRON . . .

8

(b) And now in pairs, practise complaining, apologising and acknowledging the apologies. Here are a few hints about the situations.

> Vos voisins font trop de bruit (la télé, la radio . . .).
> La voiture de Mlle Machin bloque la sortie de votre garage.
> Votre ami vous rend vos disques mais ils sont rayés.
> Vous avez oublié un rendez-vous.
> Vos amis ont oublié votre invitation à dîner.
> On ne vous a pas remboursé l'argent prêté.
> Le chien de vos voisins est dans votre jardin.

(c) Complain in writing to your landlord. Use the hints given below if need be.

> L'électricité ne marche pas.
> L'évier est bouché (*blocked*).
> L'escalier est grinçant.
> Il y a un trou dans le toit.
> La fenêtre ne se ferme pas bien.
> La porte du placard est coincée.

(d) Apologise in writing.
And now you're the landlord answering the above letter of complaint and apologising for all that's wrong in the flat.

Grammar

8.3. Referring to the past – past conditional

> *Si tu m'avais écouté, tu aurais pris un bon couscous . . .*
> *Si j'avais pu, j'en aurais repris.*

8.3.1. Recap

In Unit 5, you revised how to talk about future possibilities using this pattern:

S'il pleut,	*je reste/resterai chez moi.*
(*si* + present)	(present/future)
Si je pouvais,	*je fermerais toute une semaine.*
(*si* + imperfect)	(conditional present)

8.3.2. Expansion

When we need to talk about what MIGHT have happened (but didn't), the tenses change in this way:

Si je l'avais fait,	*cela ne serait pas arrivé.*
(*si* + pluperfect)	(past conditional)
If I had done this,	that would not have happened.

Once again, as you can see, the tenses are the same as in English.

Practice

(a) Complete the exchanges in the ways suggested.

EXEMPLES:

1. (*Après les examens.*)

    L'ENFANT Mais j'ai fait de mon mieux!

    LE PÈRE Si tu avais travaillé, tu (réussir).

        Si tu avais travaillé, tu *aurais réussi*.

2. (*Chez lui.*)

    LUI J'espère que je ne t'ai pas forcée de venir!

    ELLE Je ne serais pas venue, si je (ne pas vouloir).

        Je ne serais pas venue, si je *n'avais pas voulu*.

1. (*Au restaurant.*)

    DAVID Tu as bien fait de renvoyer ce steak.

    ERIC Si je ne l'avais pas renvoyé, Do (le faire).

2. (*En voiture.*)

    LE MARI Je n'ai rien compris à ce que disait ce passant.

    LA FEMME Si tu avais mieux écouté, (ne pas se perdre).

3. (*Au bureau de poste.*)

    LE FILS Tu as tout envoyé par la poste?

    SA VIEILLE MÈRE Oui, mais je ne l'aurais pas fait si je (savoir le prix).

4. (*A l'école.*)

    LA DIRECTRICE Pourquoi n'avez-vous pas montré une vidéo à ces enfants?

    LE PROF. C'est ce que je (faire), si j'avais eu le temps.

5. (*Une discussion au lieu de travail.*)

    PREMIÈRE COLLÈGUE Alors, c'est cette Datsun-là que tu as achetée?

    DEUXIÈME COLLÈGUE C'est ça, mais si je (avoir les moyens), j'aurais acheté une auto beaucoup plus puissante.

6. (*Devant le cinéma.*)

    GÉRARD Tu n'arrivais pas, et puis je n'avais pas beaucoup d'argent.

    FABIENNE Oui, mais quand même, si tu me (acheter une place), j'aurais pu te rembourser.

7. (*A la maison.*)

    LA VOISINE Vous ne le lui avez donc pas acheté, ce vélo?

    LA MÈRE Non – son père le lui (acheter), si seulement il s'était mieux comporté!

8. (*En attendant une amie.*)

    AGATHE Alors évidemment elle ne va pas venir ce soir!

    JULES A ce qu'il paraît, non – mais si elle (pouvoir), elle nous aurait prévenus, c'est sûr.

9. (*Après un rendez-vous manqué.*)

    ERIC Vous auriez pu me le dire, que vous n'alliez plus à la disco!

    DO Mais on t'aurait passé un coup de fil, si on (avoir ton nouveau numéro).

10. (*En parlant d'un couple.*)

PREMIER AMI Je ne sais vraiment pas pourquoi elle reste avec lui.

DEUXIÈME AMI Aucun doute que si elle avait voulu partir, elle (le quitter).

(b) 'Si j'avais su, je serais resté chez moi!'

Use a past conditional to express what each character might have said. Use the cues provided.

EXEMPLE:

    A la suite d'un accident de voiture, le conducteur se félicite d'avoir mis sa ceinture de sécurité.

    Que dit-il à son ami? (être blessé)

    – Si je n'avais pas mis ma ceinture de sécurité, j'aurais été blessé.

1. Le monsieur critique un chauffeur de taxi, en disant que celui-ci était dans la mauvaise file. (file = *lane*)
Que lui dit-il? (éviter l'accident)

2. Le chauffeur de taxi répond à son tour qu'au contraire, il était bien dans la bonne file, et que le monsieur roulait trop vite.
Que lui dit-il? (pouvoir vous arrêter)

3. Le monsieur avoue que ses freins ne marchent pas très bien, il n'a pas fait réviser sa voiture récemment.
Que dit-il au chauffeur? (Si . . .)

4. Un témoin prétend que le monsieur ne regardait même pas devant lui!
Que lui dit-il? (Si vous . . .)

5. Le monsieur riposte vivement en disant qu'une vieille femme qui voulait traverser la rue l'a distrait.
Que dit-il à la femme? (Si vous . . .)

6. La femme admet qu'elle a essayé de traverser la rue, mais c'était à cause d'une amie qu'elle avait vue de l'autre côté.
Que dit-elle au monsieur? (Si je . . .)

7. Le chauffeur de taxi affirme que cela n'excuse pas du tout le monsieur qui ne faisait évidemment pas attention au moment de l'accident.
Que dit-il au monsieur? (Si vous . . .)

8. Le monsieur prétend que la route était très glissante, à cause d'une averse récente, et que sa voiture a viré.
Que dit-il? (S'il . . .)

9. Le monsieur, s'apercevant qu'un policier s'approche de lui et va certainement découvrir que la voiture n'est pas la sienne, regrette d'être resté sur les lieux.
   Que se dit-il?

8.4. Pronouns

8.4.1. Recap

So far you have revised only the direct object pronouns (2.4.).
In this Unit, Do says:

    1. *Je te prête 20F.*
    2. *Je lui ai dit et répété de prendre un couscous.*

The waitress says:

    3. *La direction vous offre le digestif.*

Philippe says:

    4. *Je vous présente ma copine Christine.*

And Eric says:

    5. *C'est pour ne pas voir la viande qu'on nous sert.*

In each of these examples, the underlined word stands instead of a person who is understood from the context. This person receives something as a result of the action.

In 1, Do is lending the twenty francs TO ERIC.
In 2, Do is saying what advice she gave (TO) HIM.
In 3, the waiter is saying the management is offering a liqueur TO ERIC.

The underlined words are known as indirect object pronouns. Here's a full list of them:

    me, te, lui, nous, vous, leur.

8.4.2. Expansion

On many occasions it's convenient – and again, a sign of fluency – to be able to use sentences containing both sorts of object pronouns (direct and indirect).

Look at this sentence:
    Le patron a recommandé à Jean un petit restaurant.
Suppose it was already clear from the context that you were referring to a restaurant.
    You would have said:
    Le patron l'a recommandé à Jean.

But suppose it was also known from the context that you were referring to Jean.
    You would have said:
    Le patron le lui a recommandé.

8

The only difficulty you meet when using more than one object pronoun is word-order. Here's a table to help you.

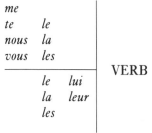

me		
te	le	
nous	la	
vous	les	VERB
	le	lui
	la	leur
	les	

NOTE *Me*, *te*, *nous*, *vous* can act as both direct AND indirect object pronouns.

See also the use of *y* and *en* (8.5.).

Practice

(a) In this dialogue, supply indirect object pronouns (*me*, *te*, *lui*, *nous*, *vous*, *leur*).

> DO Allô? C'est toi, Eric?
>
> ERIC Oui, c'est moi, Do. Tiens, voilà longtemps que tu ne . . . as pas téléphoné. Qu'est-ce que t'arrive?
>
> DO C'est que je veux vraiment . . . parler. Qu'est-ce que tu fais ce soir?
>
> ERIC Notre prof. . . . a donné beaucoup de travail à faire, alors ce soir je bosse.
>
> DO Pauvre Eric! Tu n'as pas de chance! Tu . . . en as parlé, au prof.?
>
> ERIC Tu parles! Il n'est pas du tout sympa! Ces profs sont tous les mêmes, je les déteste, d'ailleurs je ne . . . parle même plus.
>
> DO Bon, Eric, écoute, je voulais . . . parler parce que David vient de . . . téléphoner, et –
>
> ERIC – et?
>
> DO – et il . . . proposé qu'on dîne tous les trois ensemble chez lui, demain soir.
>
> ERIC Ah! très bien, je suis libre demain soir, alors ça va.
>
> DO C'est bien! Je peux . . . dire, alors. Et tu . . . expliqueras pourquoi tu ne . . . parles plus, à tes profs.
>
> ERIC C'est ça, je . . . le dirai demain. Alors bonsoir, à demain!
>
> DO Bonsoir!

(b) This gives you practice in the most common combinations of direct (*le*, *la*, *les*) and indirect object pronouns (*lui*, *leur*).

EXEMPLE :

Devant une station de métro
- Il sait comment ça marche, le métro?
- Oui oui, on ... ... a déjà expliqué.
- Il sait comment ça marche, le métro?
- Oui oui, on le lui a déjà expliqué.

1. *Chez Eric*
- Tu as toujours le magnétophone de David?
- Non, je ... ... ai rendu il y a longtemps.

2. *Chez David*
- C'est cette carte que tu vas envoyer à tes parents, David?
- Oui, je ... ... envoie pour l'anniversaire de leur mariage.

3. *A l'école*
- Il me semble qu'il y a plusieurs étudiants qui ne comprennent pas les règles de l'établissement, M. le Proviseur.
- Cela m'étonne, je ... ... ai bien expliquées au début de l'année.

4. *Chez Do*
- Qu'est-ce qu'Eric te demandait, Do?
- La date de mon anniversaire! Je ... ... ai déjà dite vingt fois!

5. *Dans un magasin*
- Vous êtes sûre d'avoir rendu sa monnaie à ce monsieur?
- Certainement, Madame. Je viens de ... ... rendre.

6. *A la maison*
- Claire, rends immédiatement son jouet à ce petit!
- Ça va, ça va! Je ... ... ai déjà rendu.

7. *Devant la télé*
- Et la femme, est-ce qu'elle sait qu'on a retrouvé le corps de son mari?
- Oui, c'est un journaliste qui ... ... a dit.

8. *Au bureau*
- Votre nouveau collègue ne savait pas où était son bureau, paraît-il.
- C'est ce qu'on m'a dit. C'est la secrétaire qui ... ... a finalement montré.

(c) Complete these exchanges using direct and indirect object pronouns as necessary.

EXEMPLE :

David parle à Do d'un cadeau qu'il vient d'acheter et qu'il aimerait envoyer en Angleterre.

DAVID Tu ... as vu, ce cadeau? J'aimerais ... envoyer à mon oncle et à sa femme.

DO Pourquoi est-ce que tu ... envoies un cadeau?

DAVID C'est bientôt l'anniversaire de leur mariage. Je ... envoie toujours un petit cadeau.

DAVID Tu l'as vu, ce cadeau? J'aimerais l'envoyer à mon oncle et à sa femme.

DO Pourquoi est-ce que tu leur envoies un cadeau?

DAVID C'est bientôt l'anniversaire de leur mariage. Je leur envoie toujours un petit cadeau.

1. Pierre et Paul se querellent à cause de l'argent que l'un a prêté à l'autre.

PIERRE Alors, tu ... ... rends, mes mille francs?

PAUL Oui, oui, ne t'en fais pas, je ... ... rendrai la semaine prochaine.

2. Un étudiant veut poser une question au prof. pendant le cours.

L'ÉTUDIANT Monsieur, je peux ... poser une question?

LE PROF. A la fin du cours, vous pourrez ... ... poser.

3. Une jeune fille vient d'apprendre un secret: elle en parle à son amie.

LA JEUNE FILLE Tu sais ce que je viens d'apprendre? C'est un scandale!

SON AMIE Dis-moi tout de suite ce que c'est, je t'en prie!

LA JEUNE FILLE Je ne peux pas ... ... dire – c'est un secret. Il faut que tu attendes – je ... ... dirai demain.

4. Deux garçons parlent d'une amie commune.

YVES Tu as vu Anne récemment?

PAUL Oui, je ... ai vue hier.

YVES Elle ... a parlé de ses problèmes d'argent?

PAUL Non, elle ne ... a pas parlé de ça, elle ... a raconté l'histoire de son petit ami.

YVES Jean-Pierre? Elle ... voit toujours?

PAUL J'en ai bien l'impression. Il ... téléphone tous les soirs, d'après ce qu'elle ... a dit. Tout va bien de ce côté-là.

5. Deux collègues se plaignent parce qu'on leur a interdit d'utiliser le téléphone pour des appels personnels.

M. PICARD Maintenant qu'il ... a interdit d'utiliser le téléphone, je ne peux même pas ... passer un coup de fil à ma femme.

M. GIROUD Moi non plus, et ce n'est pas que je ... appelle souvent, ma femme.

M. PICARD Pour moi, c'est même rare, et si je ... appelle, c'est pour ... dire quelque chose de bien important.

M. GIROUD Il ... ... a expliquée, sa décision?

M. PICARD Du tout! Celui-là, il ... parle le moins possible, aux employés!

8.5. Using 'y' and 'en'

8.5.1. Recap

On y va?

Tout y est si calme.

J'ai du bon café – tu en veux?

Je reviens de France. J'en reviens.

Y and en are used to refer to (a) places, or (b) things already mentioned.

Hier j'étais à l'Opéra, et je ne t'y ai pas vu!
Tu veux encore du ragoût? – Je veux bien, s'il en reste.

Y and *en* occur in the order given in the full table of pronouns below:

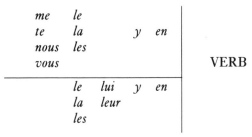

me	le		
te	la	y	en
nous	les		
vous			**VERB**

le	lui	y	en
la	leur		
les			

8.5.2. Expansion

The uses of both *y* and *en* which need most practice are with the verbs with which they commonly occur (that is, verbs followed by *à* or *de*), and in certain idiomatic expressions.

1. *Y*

Je n'aime pas me lever tôt, mais je m'y habitue.

Y is used here because the verb *s'habituer* is usually followed by the preposition *à*. Used like this, *y* is a pronoun referring to something or somebody recently mentioned.

Here is a list of common verbs and expressions with which *y* is used in this way:

se fier à	*Je m'y habitue.* *Je m'y fais.*	}I'm getting used to it.
résister à	*Je m'y connais.* I know all about that.	
goûter à	*Je n'y comprends rien.* I don't understand a thing about that.	
	Je m'y prends mal/bien. I'm getting on badly/well with it.	

2. *En*

Qui t'en empêche? Who's stopping you?
J'en suis fière! I'm proud of it!

En is used here because the verb *empêcher* and the adjective *fier* are usually followed by the preposition *de*. Used like this, *en* is a pronoun referring to some thing or action already mentioned.

Here is a list of verbs and expressions with which *en* is frequently associated:

empêcher de	*J'en ai assez, j'en ai marre, j'en ai ras-le-bol.*
être fier de	*J'en ai horreur.*
féliciter de	*Il m'en veut.* He bears a grudge against me.

8

être content de	*Je m'en vais.* I'm going (away).
se débarrasser de	*Je m'en fous.* I don't give a damn.
se souvenir de	*Ne t'en fais pas.* Don't worry.
avoir peur de	*Il n'en fait qu'à sa tête.* He does things the way
être étonné de	he wants to.
remercier de	

Practice

Supply *y* or *en* as needed in the following dialogue. Note how often each is used in an expression, and list these expressions.

Do is telling David about how she has come to have a new car.

DO Tu n'as pas vu ma nouvelle voiture?

DAVID Ah! Tu . . . as acheté une autre? Je ne savais pas!

DO Ce n'est pas que j' . . . ai acheté une autre, mais tu dois te rappeler qu'on m'avait volé la vieille mini que j'avais?

DAVID Bien sûr, c'était affreux, rien qu'à . . . penser je me demande comment ils arrivent à s' . . . prendre en plein jour.

DO Alors, j'avais une assurance, mais tu sais, moi, les assurances, je ne m' . . . fie pas – je ne pensais quand même pas qu'ils me la rembourseraient à pleine valeur!

DAVID Ils l'ont fait?

DO Eh, oui! Je n' . . . comprends rien, j'ai reçu la lettre il y a quelques jours, je ne m' . . . attendais plus!

DAVID C'est comme ça que tu as pu . . . acheter une autre?

DO C'est ça. Tu sais, moi, les voitures, je ne m' . . . connais pour ainsi dire pas, je n' . . . fais plus attention depuis longtemps, mais cette fois j'ai pris une citroën, une 2CV.

DAVID J'adore ces voitures-là.

DO Elle paraît très bonne. Oh, tu sais, à la fin, j' . . . avais marre de traîner dans des garages, alors j'ai acheté celle qu'un ami me proposait. Je commence juste à m' . . . habituer, c'est tellement différent de l'autre!

Contrast and compare

8.6. Enlever/raccompagner/prendre/décoller

Enlève tes chaussures! Take your shoes off!
Je peux vous raccompagner? May I take you home?
Prends un bain, si tu as trop chaud. If you're too hot, take a bath.
L'avion a décollé avec une heure de retard. The plane took off one hour late.

In the examples above the French needs a number of different verbs to convey the English multi-purpose verb 'to take'.

Practice

See how many of these sentences you can translate. (Suggested translations are to be found at the end of the book.)

(a)　　1. Can you take my car into the garage?
　　　　2. Take your coat off!
　　　　3. Take a shower, if you want.
　　　　4. He took her out last night.
　　　　5. Can you take us home?
　　　　6. Can you take my coat to the dry cleaner's, please?
　　　　7. Will you take us to the cinema?
　　　　8. Take-away meals.

(b)　　1. Ask David to take you to the theatre tonight.
　　　　2. Ask your friend if you can take a bath tonight.
　　　　3. Ask Eric to take you home.
　　　　4. Ask your friend to take his shoes off, if he wants.
　　　　5. Ask the stewardess at what time the plane is going to take off.
　　　　6. Ask your colleague if she's taking her husband out tonight.
　　　　7. Ask your flatmate to take your dress to the dry cleaner's.
　　　　8. Ask Do to take your bike into the hall.

Couscous royal

Le couscous est un plat traditionnel d'Afrique du Nord. La recette proposée est tunisienne. Elle s'appelle 'couscous royal' parce que le couscous s'accompagne de trois viandes. Les proportions données ci-dessous sont pour six personnes. Pour faire un couscous il est indispensable d'avoir un couscoussier qui comporte deux parties: une marmite profonde pour faire cuire viandes et légumes et un 'haut' où l'on met la semoule pour la faire cuire à la vapeur. Les légumes accompagnant le couscous sont en général des légumes de saison. Donc si vous voulez ajouter d'autres légumes (artichauts, petits pois, etc. . . .), rien ne vous en empêche!

Ingrédients

$\frac{1}{2}$ kg viande à ragoût
6 morceaux de poulet
$\frac{1}{2}$ kg d'agneau
2/3 tomates pelées
2 cuillerées à soupe de tomate concentrée
2/3 navets

3 pommes de terre
2/3 courgettes
3/4 carottes
200 gr de pois chiches (à faire tremper la veille)
1 branche de céleri
2/3 oignons

huile
sel
poivre noir
poivre rouge
cannelle
750 gr de couscous

Préparation de la graine

Répandre la semoule de couscous dans un large récipient. Saupoudrer de sel (au goût), verser ensuite 2/3 cuillerées d'huile. Rouler la graine pour que chaque grain de couscous soit enduit d'une fine couche d'huile. Ensuite l'asperger d'eau et bien remuer pour répartir uniformément l'humidité. Une fois le couscous bien humidifié, le tasser et le laisser reposer pendant la préparation des viandes et des légumes.

Préparation du ragoût

Dans une grande marmite (à couscous) verser un fond d'huile. Faire revenir les oignons coupés, la viande à ragoût découpée en gros morceaux, l'agneau. Faire revenir 10 mn environ. Puis ajouter les navets, les carottes, le céleri, les pois chiches. Laisser cuire 10 à 15 mn. Finalement mettre les tomates pelées, la tomate concentrée, la cannelle. Saler et poivrer.

1ère Cuisson du couscous

Ouvrir la semoule de couscous à deux mains en la faisant passer entre les paumes de la main pour s'assurer qu'elle ne forme pas de boule. La mettre dans le haut du couscoussier et placer le tout sur la marmite.

Laisser cuire une heure environ à feu doux.

2ème Cuisson du couscous

Enlever le haut du couscoussier, vider la semoule dans le récipient utilisé pour sa préparation. Laisser refroidir 10 minutes environ, puis asperger d'eau à nouveau et recommencer les mêmes opérations que la première fois – humidifier le couscous, le tasser, le laisser reposer 10 minutes environ. Pendant ce temps mettre les morceaux de poulet dans la marmite, ajouter les pommes de terre et les courgettes.

Ouvrir la semoule de couscous et refaire les mêmes opérations que la première fois. Finalement remettre le haut du couscoussier avec la semoule de couscous sur la marmite et laisser cuire une heure environ à feu doux.

Comment servir le couscous

Une fois la semoule cuite, la mettre dans un grand plat et placer les différentes viandes tout autour en les faisant alterner: un morceau de bœuf, un morceau de poulet, un morceau d'agneau etc. Servir les légumes sur un plat à part et mettre le jus dans une saucière.

BON APPÉTIT!

Unit 9
Deux pas en arrière, un pas en avant

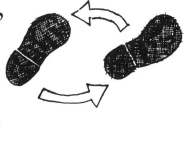

Travail en profondeur
'Poisson d'avril: On nous vole la Tour Eiffel!'

Listen carefully to this *reportage* on the radio.

Key words and phrases
en direct
assister
le démontage
les badauds
moche

le fric
les CRS
escalader
une banderole

Now see if you've understood it.

1. What did the rich American do?
   (a) Il va acheter la Tour Eiffel.
   (b) Il a acheté la Tour Eiffel.

2. To whom is the journalist putting the questions?
   (a) Les badauds.
   (b) L'équipe de spécialistes.

3. What does the old woman say?
   (a) C'est une bonne chose.
   (b) C'est un scandale.

4. Who took the decision to sell it?
   (a) Le Maire de Paris.
   (b) Le Président de la République.

5. What does the old man say?
   (a) C'est un crime.
   (b) C'est du vol.

6. What does the last person interviewed say?
   (a) On vous vend la Tour Eiffel.
   (b) On nous vole la Tour Eiffel.

7. What happens at the end?
   (a) Il y a de la bagarre.
   (b) Il n'y a pas de bagarre.

8. What does the banner say?
   (a) La Tour Eiffel aux Américains.
   (b) La Tour Eiffel aux Parisiens.

9

Travail autour du texte

1. Now find in the text the French for:
   (a) eccentric
   (b) a team of specialists
   (c) to ask questions
   (d) a historic event
   (e) the sale
   (f) a good price
   (g) to take a decision
   (h) it's robbery!
   (i) it's a crime!
   (j) I don't care.
   (k) it's a pity
   (l) to scream
   (m) to rush
   (n) to force away

2. Find in the text sentences equivalent to these:
   (a) C'est bien payé, tant mieux.
   (b) Moi, je crois que c'est scandaleux!
   (c) Qui a décidé cela?
   (d) Moi, je m'en fiche!
   (e) D'ailleurs, j'ai toujours pensé qu'elle était affreuse, la Tour Eiffel.
   (f) Moi, elle me plaît.
   (g) Ils ne manquent pas de toupet, ces Américains!
   (h) Quelqu'un court vers la Tour Eiffel et se met à grimper.

3. Find in the text another French word for:
   (a) à peu près
   (b) un quart d'heure
   (c) en grand nombre
   (d) être témoin
   (e) conserver
   (f) argent
   (g) couper la parole
   (h) crier
   (i) lutter
   (j) une bannière

4. Give the French nouns derived from these verbs:
   (a) savoir
   (b) acheter
   (c) profiter
   (d) préserver
   (e) étonner
   (f) trouver
   (g) voler
   (h) interrompre

5. Give the French verbs derived from these nouns:
   (a) démontage
   (b) question
   (c) vente
   (d) scandale
   (e) décision
   (f) héritage
   (g) souffle
   (h) bagarre

6. Give the opposite in French of the following words:
   (a) poser des questions
   (b) tant mieux
   (c) moche
   (d) commencer à
   (e) dérouler

Travail guidé

(a) Listen again to the tape, and as you do so complete the following sentences:
   1. Comme vous le savez peut-être déjà un riche . . .
   2. Nous allons assister dans une quinzaine de minutes environ à . . .

3. Je vais profiter de ces quelques minutes pour ...
4. Pardon, mademoiselle, que pensez-vous ...?
5. Ben, moi, je pense que si ...
6. Et vous, monsieur, ...?
7. Moi, monsieur, je pense que ...
8. La Tour Eiffel, c'est ...
9. Moi, je dis que ...
10. J'ai fait 14–18, m'sieur, pour ...
11. Bof, moi, ça m'est égal. D'ailleurs ...
12. Si on a touché beaucoup de fric, ça ...
13. Je suis tout simplement ...
14. Ces Américains ne ...
15. Des gens hurlent, ...
16. Les CRS arrivent, ils ...
17. Quelqu'un s'est précipité vers le pied gauche de la Tour Eiffel et ...
18. Il déroule une banderole ...

(b) Listen again to the tape, if necessary, then answer the following questions:
1. Que dit la vieille dame à l'accent snob au journaliste?
2. Et le vieil homme à l'accent bourguignon, que dit-il?
3. Et les jeunes qu'est-ce qu'ils pensent de la vente de la Tour Eiffel?
4. Finalement que dit la dernière personne interrogée?

(c) And now it's your turn to react to the news.

Que diriez-vous si on vous disait que:
1. Buckingham Palace allait être détruit.
2. Une firme japonaise avait acheté Big Ben.
3. Les astronautes avaient atterri sur Vénus et non pas sur la lune.
4. On allait rendre la Statue de la Liberté à la France.
5. La Tour de Pise ne penchait plus.
6. Les Pyramides d'Egypte étaient inondées par les crues du Nil.

(d) Imagine you were among the people who were witnessing the dismantling of the Eiffel Tower. Back home, describe what happened to your family. Here are a few hints to help you:
Un riche Américain eccentrique
Acheter la Tour Eiffel – un mois environ
Démontage par une équipe de spécialistes
Réactions des badauds
– Tant mieux pour un bon prix
– C'est un scandale!
– C'est du vol!
– C'est un crime!
– Bof!
– C'est dommage!
– On nous vole la Tour Eiffel!
L'équipe de spécialistes arrive
Bousculade – des gens hurlent ... se battent

Bagarre!
Quelqu'un s'est précipité vers la Tour Eiffel
Dérouler banderole

Composition écrite

Write about 300 words on the following topic.
You've just seen something unbelievable on TV. Actually it's a hoax and you know it. But write to your best friend and try to make her/him believe it's true.
Here are a few ideas for hoaxes:

Les spaghetti poussent sur les arbres. C'est la récolte.
Les Martiens ont envahi votre région.
Des OVNI (objets volants non identifiés – *UFOs*) ont atterri dans votre jardin.
La nouvelle invention: vin à volonté à la cuisine! Ouvrez le robinet à vin et servez-vous!

9.1. Travail autour d'un mot

'Une tasse de café' ou 'une tasse à café'?

You know of course that to say a cup OF coffee, a cup OF tea or a glass OF wine in French you use *de*.
But would you use *de* or *à* when you want to say a washing machine, a Bordeaux wine/a wine from Bordeaux, a Nina Ricci perfume/a perfume by Nina Ricci?

9.1.1. De

De is used in the following ways:

1. Quantity:
   un verre de vin
   une tasse de café
   une carafe d'eau
   un kilo de sucre
   un litre de lait

2. Origin:
   un vin de Bordeaux
   un parfum de Nina Ricci
   un melon de Cavaillon

3. Association:
   une table de cuisine
   un vin de table
   une chemise de nuit

4. Material (note that *en* can often be used instead):
   une table de bois
   une robe de laine
   une confiture de fraises

9.1.2. A

A is used in the following ways:

1. Use:

un couteau à pain
un verre à vin
une tasse à café
une machine à laver
un fer à repasser

2. Distinguishing feature:

une robe à carreaux
une jupe à pois
un avion à réaction

Practice

(a) Do part en week-end

OO Do part en week-end à Deauville chez sa sœur Nadine. Elle est en train de faire sa valise. Elle récapitule à haute voix ce dont elle a besoin.
First listen to the tape.

Now check to see if you've understood well. Choose either *à* or *de* in the following sentences:

1. Une chemise à/de nuit.
2. Mes affaires à/de toilette.
3. Ma brosse à/de dents.
4. Mon verre à/de dents.
5. Ma serviette à/de bain.
6. Mon maillot à/de bain.
7. Ma brosse à/de cheveux.
8. Une serviette à/de toilette.
9. Ma jupe à/de carreaux.
10. Mes souliers à/de talons.
11. Ma robe à/de soie.
12. Mon châle à/de laine.
13. Une petite tasse à/de café.

(b) Insert *à* or *de* as appropriate.

1. Il porte une jolie chemise . . . carreaux.
2. Tu me prêtes ton moulin . . . café?
3. Il a un cœur . . . glace.
4. J'aime les tasses . . . thé qui sont fines et délicates.
5. Encore une tasse . . . thé, Eric?
6. J'ai soif, donne-moi un verre . . . eau, s'il te plaît.
7. Je me suis acheté une nouvelle robe . . . chambre.
8. Mon couteau . . . découper ne marche plus!
9. Passe-moi le couteau . . . pain, chéri.
10. Tu appelles ça une brosse . . . dents?
11. Ma machine . . . écrire est encore en panne.
12. Tu n'as pas oublié d'arrêter la machine . . . laver, j'espère!

9

Le savoir-lire

Article 1 : 'Suite à l'accident d'Harrisburg'

(a) Read this article carefully – use a dictionary if necessary.

Il pourrait y avoir un rapport entre la découverte d'un nombre d'enfants nés anormaux et l'accident d'Harrisburg.

Durant les neuf derniers mois de 1979, 13 bébés, dans 3 comtés de Pennsylvanie, sont nés avec une hypothyroïde, maladie qui se traduit par l'absence de thyroïde ou la production anormale d'hormones et peut entrainer un retard mental.

Selon les spécialistes, les fuites radioactives constatées à Three Mile Island, au printemps dernier, étaient trop faibles pour avoir des conséquences sur les fœtus.

Le fait que ces maladies soient survenues après l'accident soulève des questions . . .

Le Progrès du 22 février 80

(b) Now choose the right answer.
   1. What does the text imply?
      (a) That there could be a link between the Harrisburg incident and the birth of a few abnormal babies.
      (b) That there is a report because of the Harrisburg incident on the birth of a few abnormal babies.
   2. What does *hypothyroïde* mean?
      (a) an excess of thyroid.
      (b) A lack of thyroid.
   3. What is the result of such an illness?
      (a) A super-intelligent child.
      (b) A retarded child.
   4. What do the experts think?
      (a) It's due to the Three Mile Island accident.
      (b) It has nothing to do with the Three Mile Island accident.
   5. What does the article imply?
      (a) The experts are raising the question of the use of nuclear energy.
      (b) The experts condemn the accident.

(c) Find in the text the French equivalents of these English words or phrases:
   (a) a link   (d) during   (g) according to
   (b) the discovery (e) an illness   (h) radioactive leaks
   (c) abnormal babies (f) the absence of (i) last spring
                                         (j) to inquire

(d) And now translate the article into English.

Article 2 :

(a) Read this article carefully. Use the vocabulary list if needed.

A partir de quelques gouttes de sang, on peut désormais, et depuis le début de l'année, dépister dès la naissance un mauvais fonctionnement de la thyroïde, et entreprendre ainsi un traitement.

L'insuffisance thyroïdienne peut provoquer des nuisances susceptibles de freiner le développement du cerveau; certes, ces cas sont peu nombreux, mais le dépistage systématique sera un bon

moyen de prévention.

Les hormones thyroïdiennes sont indispensables à la maturation du cerveau de l'enfant; la maturation du cerveau humain débute dès la vie intra-utérine pour se poursuivre jusqu'à l'âge de 2 ans.

Le Progrès du 22 février 80

Vocabulary

une goutte – *a drop*
dépister – *to track down, identify*
un mauvais fonctionnement – *a malfunction*
entreprendre un traitement – *to follow a course of treatment*
susceptible de – *capable of*

freiner – *to slow down*
un moyen – *means*
la maturation – *development*
débuter – *to start*
dès – *from the moment of*
se poursuivre – *to continue*
le cerveau – *the brain*

(b) Give in English the gist of the article. Then find a suitable headline for it.

(c) Find in the text another way of saying in French:
(a) il est possible
(b) le commencement
(c) entamer
(d) le manque de
(e) ralentir
(f) en nombre restreint
(g) une façon
(h) vital
(i) le développement
(j) continuer

Article 3: 'La Faim qui tue'

(a) Read the following article carefully. Use the vocabulary if needed.

La faim qui tue

Un enfant sur trois. Un tiers des enfants naissant aujourd'hui mourront de faim ou de maladie avant l'âge de cinq ans. C'est sur ces faits terribles que Roger Pic a voulu s'interroger dans son film « Vivre demain ».

Car que peut signifier « Vivre demain » pour le milliard d'hommes souffrant de malnutrition ?

Le reportage que Roger Pic a tourné, en collaboration avec l'UNICEF, ne cherche pas seulement à frapper les âmes sensibles par des images parfois insoutenables d'enfants réduits quasiment à l'état de squelette. Il s'emploie aussi à nous dire les causes de cette réalité qui touche les deux tiers de la population mondiale.

Il évoque les multinationales et leurs super profits ; les grosses sociétés qui développent une monoculture détruisant les cultures vivrières traditionnelles multiples, qui assuraient aux populations les protéines nécessaires à leur subsistance.

Mais Roger Pic ne se contente pas de cette dénonciation. Son enquête faite sur le terrain (en Asie, en Afrique, en Amérique centrale) et auprès de spécialistes rattachés aux grands organismes mondiaux (Organisation mondiale de la santé, FAO, UNICEF...) nous donne à voir quels types d'actions sont possibles pour remédier à cette situation.

Par exemple : regrouper des paysans et des tout petits propriétaires sur des terres inutilisées que l'on récupère ; donner des moyens techniques et matériels pour creuser des puits, construire des réservoirs, aménager l'irrigation, faire connaître des cultures riches en protéines (le soja), créer des écoles, des unités sanitaires. Il ne s'agit pas de faire l'aumône, mais d'aider les populations concernées à se prendre en charge elles-mêmes.

Ces expériences, quoique limitées, montrent les possibilités énormes qui existent.

Mais, comme l'affirme le Parti communiste français, il faut « lutter contre l'ordre économique et politique mondial mis en place par l'impérialisme à l'époque du colonialisme et que s'efforcent de faire survivre aujourd'hui sous d'autres formes les grands monopoles industriels et financiers ».

« Vivre demain », TF 1, 22 h 20.

9

Vocabulary

tourner (un reportage) – *to make, direct, a news film, documentary*
UNICEF – *United Nations International Children's Emergency Fund*
multinationale (*f*) – *multi-national company*

sur le terrain – *on the spot*
FAO – *Food and Agricultural Organisation*
TF1 = Télévision française, première chaîne

(b) Give in English the gist of the article.

(c) Find in the text another way of saying in French:
    (a) le reportage esquisse
    (b) accroître
    (c) nombreux
    (d) forer (un puits)
    (e) introduit
    (f) donner de l'argent
    (g) s'aider soi-même
    (h) assurer
    (i) tenter de
    (j) continuer à vivre

(d) Now write approximately 350 words in French on the following theme: *La surpopulation crée la famine.*

Suggested structure of essay
    1. Que signifie le titre? (expliquer 'surpopulation' et 'famine')
    2. Quels sont les pays actuels ayant une forte population ou un taux élevé des naissances (en Asie, Afrique, Amérique Latine)?
    3. Y a-t-il, d'après vous, un lien entre le taux élevé des naissances et le taux élevé des décès?
    4. A quoi ce dernier est-il dû?
    5. Quels rôles, sur les plans économique et social, ont les enfants dans les pays du Tiers-Monde?
    6. En est-il de même pour les enfants occidentaux?
    7. Peut-on dire que les pays du Tiers-Monde ont souffert à cause des profits excessifs des multinationales?
    8. Quelles mesures prendriez-vous pour diminuer la famine dans le monde?
    9. Croyez-vous que pour limiter sa population un pays ait le droit de limiter le nombre d'enfants par famille?
    10. Et vous, que pensez-vous du titre?

Suggested additional vocabulary

le manque de soins médicaux
le manque des matières premières
une source de revenu
aider aux travaux des champs
la jeunesse/la vieillesse
des mesures draconniennes
le contrôle des naissances
l'utilisation des moyens contraceptifs
en comparaison avec

il faudrait peut-être
il serait souhaitable de
il faut dire que
il faut reconnaître que
il faut souligner que
on peut conclure que

Unit 10
Le 324 07 21 ne répond plus!

FOCUS

In this unit you work on the language associated with phoning, on how to get people to do things for you and how to express moods and feelings.

You also revise some of the most common uses of the subjunctive and of the infinitive.

OO Listen to the tape as often as necessary.

Key words and phrases

un mot
les tâches pour la journée
il a raccroché
où est-ce que j'en étais?
ce n'est pas la Plomberie Duchêne et Fils

je (ne) peux pas faire deux choses à la fois
faites-nous à manger
un ragoût
où est-ce que je peux la joindre?
un répondeur automatique

David est pressé ce matin. Il n'a pas entendu sonner son réveil et il est descendu en retard chez les Duchêne. Il trouve un mot de Mme Duchêne sur la table de la cuisine.

Mon petit David,
Les tâches pour la journée sont les suivantes:
- vaisselle à faire
- passer l'aspirateur dans toutes les pièces
- faire les lits
- descendre les poubelles
- faire les courses pour le repas du soir (voir liste)
- apporter mes chaussures noires à talon chez le cordonnier - semelles et talons à refaire (elles sont dans un sac en plastique sur la commode, dans l'entrée)
- aller chercher Claire à l'école à 4h½
Je rentrerai plus tard que de coutume. Soyez gentil et faites-nous à manger*
A ce soir,   Amicalement C. Duchêne
* P.S. Faites un ragoût - c'est plus simple et rapide.

Liste des achats.
1 kg. viande bœuf
1 kg. oignons
1 kg. carottes
1 Lait
1 kg. pommes de terre
1 baguette
2 kg. pommes
1 kg. poires
1 kg. bananes
2 p. beurre
Omo
papier toilette
kleenex.

10

Vocabulary

elle charrie (*fam.*) = elle exagère!
le cordonnier = c'est la personne qui répare les chaussures
  la cordonnerie = c'est l'atelier du cordonnier
ah! Nom d'un chien! (*juron familier*) = Zut! Nom d'une pipe!
la plomberie = l'atelier des plombiers
pas d'affolement! = pas de panique!
ressaisis-toi! – *chin up!*
je viens de la rater = (ici) signifie que Do vient de sortir

rater quelqu'un, rater un examen – *to miss someone, to fail an exam different from 'I miss you'* – tu me manques (*refer to 5.7.2.*)
joindre = (ici) contacter
un répondeur automatique = c'est une machine branchée sur votre téléphone qui répond automatiquement à votre place quand vous n'êtes pas là et qui enregistre les messages
se tromper de = faire erreur

Communicating

10.1. ## Phoning

Answering the phone correctly, taking down messages or leaving a message, telling someone they've got the wrong number or convincing someone that the number they've dialled is not the correct one – are all part of everyday life. So you must be prepared for such incidents and be able to react sensibly.

10.1.1. ### Recap

David seems to cope well with a lot of these incidents. Listen again to his answers.
Can you remember approximately what he said each time?

    1. What answer does he give to the man who wants to talk to Marie Claire and gets the wrong number?
    2. What does he say to the person who dialled the Duchêne's number but thinks it's a doctor's number?
    3. What does he try to say to the woman who is convinced she is talking to a representative of the 'Plomberie Duchêne et Fils'?
    4. What does he say to the person who wants to talk to either Mme or M. Duchêne and then decides to leave a message?

David seems not only to answer the phone well but also can make calls himself.
Listen again how he does it. Now play the role of David.

    1. – ...
      – Oui.

      – ...
      – Ne quittez pas.

      – ...
      – C'est exact.

      – ...

– Ah, Mme Duchêne n'est pas là.

– . . .

– Si vous voulez, mais elle visite des clients toute la journée et votre message, elle ne l'aura que demain matin.

– . . .

– Mais je peux lui laisser un message.

– . . .

2. – . . .

– Ah, non, c'est Régine.

– . . .

– Do n'est pas là. Elle vient de sortir.

– . . .

– Chez Philippe.

– . . .

– Oui.

– . . .

– C'est le 333 16 88

– . . .

10.1.2. Expansion

Here are other ways of checking you've got the right number . . .

> *C'est bien le (324 07 21)?*
> *Je suis bien chez (Mme Duchêne)?*
> *Je voudrais parler à (Mme Duchêne).*
> *J'aurais voulu parler à (Mme Duchêne).*

. . . and other ways of answering the phone

> *Allô, oui. J'écoute.*
> *C'est elle-même/lui-même.*
> *C'est moi.*

If there's a problem, you would say

> *Quel numéro demandez-vous?*
> *Qui est à l'appareil?*
> *C'est de la part de qui?*

If it's definitely a wrong number, you would say

> *Vous faites erreur.*

Here are other useful phrases.

> *Passez-moi un coup de fil.*
> *Vous m'avez passé la ligne, mais je n'ai pas la communication.*
> *Nous avons été coupés.*
> *Ne raccrochez pas!*
> *Ne coupez pas!*
> *C'est occupé?*
> *Ça sonne.*

If there's a noise on the line.

> *Je vous entends très mal.*

Je vous entends à peine.
Parlez plus fort!
La ligne est mauvaise.

And finally here is the official post office code for spelling names on the phone (*épeler* = to spell out). It may come in handy.

A	Anatole	I	Irma	R	Raoul
B	Berthe	J	Joseph	S	Suzanne
C	Célestin	K	Kléber	T	Thérèse
D	Désiré	L	Louis	U	Ursule
E	Eugène	M	Marcel	V	Victor
E	Émile (for é)	N	Nicolas	W	William
F	François	O	Oscar	X	Xavier
G	Gaston	P	Pierre	Y	Yvonne
H	Henri	Q	Quintal	Z	Zoé

Practice

(a) At one point David was going to take a message down and later intended to leave one himself.
Let's see what the message would have been had the man not put the phone down.

○○   1. First listen to the tape.

2. Now write down the message left by M. Ziegler.

○○   3. Here is another message. Write it down.

(b) Let's see now what David's message would have been if Mme Duchêne had been likely to return to the office shortly.

○○   1. First listen to the tape.

2. Now take the part of David.

3. Imagine that David leaves a message for Do with Régine asking her to go and collect Claire at school at 4.30 p.m. and explaining why he can't do it. He also asks her to ring back to confirm that she'll do it.

4. Now you are the one leaving a message. Here are a few hints to help you:

(i) You can't go and collect a friend from home to take him/her to the station. Your car has broken down.

(ii) You can't babysit on Friday evening for your friends. You're working late.

(iii) You ring someone you've just met. He/she is not in. Leave your phone number for him/her to ring you back. Specify before 8 a.m. or after 7 p.m. Also leave your name. Spell it out.

10.2. Getting people to do things for you

10.2.1. Asking for something

Recap

In the previous section (10.1. Phoning), asking to leave a message was put politely in the following way:

> *Pourrais-je (laisser un message)?*

or as we've just seen:

> *Puis-je ...?*
> *Je peux ...?*
> *Je pourrais ...?*

Expansion

There are other ways of asking. They range from the polite to the very polite.

> *Peux-tu ...?/Pouvez-vous ...?*
> *Pourrais-tu ...?/Pourriez-vous ...?*
> *Veuillez (passer dans la matinée).*

10.2.2. Getting things done

Asking is not the only way to get people to do things for you.

1. You could order somebody (refer to 10.5) to do something:

> *Ferme la porte, s'il te plaît!*
> *Tu ne fermes pas la porte?*
> *Si tu fermais la porte?*
> *N'oublie pas de fermer la porte.*

2. You could tentatively ask somebody to do something:

> *Essaie de garer la voiture plus près de la porte.*
> *Tâche de garer la voiture ...*
> *J'aimerais (bien) que tu fermes la porte.*
> *Ça t'ennuierait de fermer la porte?*

Practice

(a) David is on the phone to Do. He is asking her to collect Claire from school at 4.30. How would he put it?

(b) Your car has suddenly broken down. Phone a friend and ask her/him to give you a lift home.

(c) You're going on holiday. Ask a friend to come everyday to feed your cat and water (*arroser*) your plants.

(d) Mme Duchêne is ill. She's asking M. Duchêne to do things for her. Play the part of Mme Duchêne using the hints given below.

> 1. 'Chéri, ouvre la fenêtre, s'il te plaît, j'ai trop chaud et ferme la porte ...'
> fermer la fenêtre/ouvrir la porte
> lui donner une cigarette/du feu/à boire/à manger/son tricot/un livre

aller lui chercher à boire/à manger/le journal/des cigarettes
augmenter/diminuer le son de la télé
téléphoner à son travail et dire qu'elle est malade
sortir la poubelle
faire les courses
aller chercher Claire à l'école
préparer le repas du soir
etc . . .

2. Towards the end of the day Mme Duchêne's temper has worsened. She's now ordering M. Duchêne around, telling him what to do and what not to do.

ne pas regarder le football à la télé, elle préfère la dramatique/le film sur l'autre chaîne
ne pas fumer toute la journée
ne pas oublier d'éteindre la lumière du couloir, ni de fermer la porte à clef etc . . .

10.3. Moods and feelings

In this unit David's day seems to go from bad to worse. He's got a long list of duties to carry out and when it isn't someone at the door, it's the phone which doesn't stop ringing. So David's temper follows this sequence of events and he is first irritated, then sarcastic and finally exasperated.

Recap

Reading through the list Mme Duchêne left him, David first reacts in an irritated way to some of the things he reads:

Apporter mes chaussures noires à talon . . . – Elle charrie franchement . . .
Aller chercher Claire à l'école à 4.30 – Mais elle est folle! . . . Je ne peux pas faire deux choses à la fois!

Then he reacts with annoyance to the phone which hasn't stopped ringing:

Ah! Nom d'un chien! Ce sacré téléphone!

He is furious with the woman on the phone who carries on talking despite his efforts to stop her and who then scolds him for not telling her she had the wrong number:

J'aurais pu vous le dire plus tôt? . . . Ah! Elle est bonne celle-là!
Si elle m'avait laissé parler, cette idiote!

He's about to start on the washing-up but the *sacré téléphone* rings again and on top of that someone's at the door! He exclaims sarcastically:

Non! Ce n'est pas vrai, le téléphone! Quelle bonne surprise! Tiens! On sonne à la porte, quelle chance!

Being sarcastic is a good way of showing your annoyance, and we often express something in a sarcastic way by saying the opposite of what we mean, as David does:

Soyez gentil, faites-nous à manger – Faire à manger? Mais avec plaisir, chère madame!

Faites un ragoût, c'est plus simple et rapide. – Bien sûr, bien sûr quand on a dix minutes devant soi, rien de plus rapide!

And finally at the end of his tether, completely exasperated he explodes:
Ah! Nom d'un chien!

Expansion

Here are other ways of showing what you feel.

R1	R2
(Ah) Zut (alors)!	*C'est insupportable!*
J'en ai marre!	*C'est intolérable!*
J'en ai ras-le-bol (ralbol)!	*C'est inadmissible!*
J'en ai assez!	*C'est révoltant!*

Practice

(a) Being irritated/cross/annoyed/furious
Think of what usually makes you angry.
Make a short list and then tell the whole class how you feel about those particular situations.

Here are a few situations in which you might lose your temper. Try expressing your anger.
1. Quelqu'un vient de garer sa voiture à votre place au parking.
2. Vous avez attendu plus d'une heure pour avoir des renseignements. Le guichet ferme, on vous dit de revenir après déjeuner.
3. Vous avez fait la queue au guichet No. 2 pendant une demi-heure pour envoyer un télégramme urgent et on vous dit de vous adresser au guichet No. 5.
4. On vous dit qu'il n'y a plus de pain et on en donne à la dame derrière vous.

(b) Being sarcastic
React to the previous situations using sarcasm.

Grammar

10.4. Using the subjunctive

10.4.1. Recap

1. *Il faut que je parte à trois heures et demie.*
   Il faut que je lui dise ...
2. *J'ai laissé ma voiture chez eux pour qu'ils la réparent.*

Students are often given the impression that the subjunctive in French is dying out. In fact it's very common. The present and perfect subjunctives are used in the spoken language, but the present is more common by far. What is very important in this connection is to become aware of the differences between R2 and R3: in many cases, you will avoid the subjunctive in the former. One very common use of the subjunctive is when it is triggered by certain expressions and conjunctions.

Expressions

Il faut que, il faudrait que
il est temps que
il se peut que

Conjunctions

afin que	*à moins que*
avant que	*sans que*
pour que	*bien que*
pour (ne) pas que	*jusqu'à ce que*

10.4.2. Expansion

The other places where the subjunctive occurs most commonly are (a) after certain verbs (b) after certain adjectives preceded by *c'est*. (See 11.4.)

Verbs

wishing	*j'aimerais bien que, je voudrais que, je préfère que*
expressing regret	*je regrette que, je suis désolé(e) que*
expressing pleasure/ displeasure	*je suis content(e) que je suis triste que* *heureux(-se)* *ravi(e) que* *enchanté(e) que* *ça me plaît que*
expressing fear	*j'ai peur que*
expressing doubt/ certainty	*je ne crois pas que, je suis sûr(e) que*
forbidding	*je ne veux pas que*
ordering	*je veux que*
complaining	*je n'aime pas que*

In all these cases, using the subjunctive is simply a rule of language you have to follow. But notice that in the 'Expansion' section all the verbs listed express HOW THE SPEAKER VIEWS THINGS. The emphasis is on feelings or attitudes, rather than on facts.

There are a few exceptions to normal usage. The following table sums them up:

Trigger verb	Indicative	Subjunctive
Je crois que Je dis que Je pense que	tu as raison.	
Je ne crois pas que Crois-tu que		tu aies raison.
J'espère que	tu signeras bientôt ton contrat.	

10.4.3. Avoiding the subjunctive

○○ First listen to Do advising David on his exercise on the subjunctive.
1. You will have noticed that Do recommends David to avoid using the subjunctive in a number of places.

R3	**R2**
David says: *Pourvu qu'il se souvienne de fermer la porte du jardin à clef.*	Do suggests that in *français courant,* one would say: *Espérons qu'il n'oubliera pas de fermer la porte du jardin à clef.*
Similarly, David says: *Quoi qu'il fasse, il est toujours le dernier en classe.*	Do suggests: *Il a beau travailler, il est toujours le dernier en classe.*

Rather than David's carefully constructed sentences, normal spoken French tends to leave the relationship between the two clauses less explicit.

2. A French speaker will normally avoid using the subjunctive when the subject of both the main and the subordinate clauses is the same. Look at this table:

Subject same (refer to 10.7) (use an infinitive)	**Subject different** (use *que* + the subjunctive)
J'ai peur de prendre le métro seul le soir. *Je suis ravi de te voir.*	*J'ai peur qu'elle fasse des bêtises si je la laisse seule.* *Je suis ravi pour toi qu'elle prenne, enfin, ses responsabilités à cœur.*

Practice

(a) 'Il faut que je mette un subjonctif!'

○○ Below is the exercise David shows Do. First try doing it yourself, then, having listened to the tape again, try the way Do suggests that David should do it using only *français courant.*

1. Pourvu qu'il (se souvenir) de fermer la porte à clef.
2. Bien qu'il lui (parler) gentiment, je savais qu'il ne l'aimait plus.
3. Quoiqu'il (faire), il est toujours le dernier en classe.
4. Que voulez-vous qu'il (faire) contre trois?

(b) Make up the other half of this phone conversation between a businessman (M. Duchêne) and his architect (M. Jacquet), including in it the information given below in English. M. Duchêne is asking for immediate delivery of some plans.

(Some vocabulary is given at the end.)

M. JACQUET Allô? A qui est-ce . . . ah, c'est vous, M. Duchêne? Comment allez-vous, cher monsieur? Et qu'est-ce que je peux faire pour vous?

M. DUCHÊNE (Say you know M. Jacquet's very busy, but he must send you the plans before the weekend. Provided you can show them to your associate on Tuesday, he'll be reassured, though he's not very happy about the project at the moment.)

M. JACQUET Je dois dire que cela ne me laisse pas beaucoup de temps . . .

M. DUCHÊNE (Say you know that, but you're afraid your boss may cancel the project if he doesn't see the plans soon.)

M. JACQUET Alors, surtout pas ça! Je ferai de mon mieux. Je peux vous toucher cet après-midi?

M. DUCHÊNE (Say yes – he can phone at any time. He doesn't want there to be any problems of delivery.)

M. JACQUET D'accord.

M. DUCHÊNE (Ask if M. Jacquet can phone you before the messenger leaves with the plans.)

M. JACQUET Oui oui – aucun problème. Je vous parlerai plus tard, alors.

M. DUCHÊNE Oui, c'est ça. Au revoir!

M. JACQUET Au revoir, monsieur!

Vocabulary

plans – *les plans*	project – *le projet*
to be reassured – *être rassuré*	cancel – *annuler*
associate – *un associé*	delivery – *la livraison*

(c) Le pique-nique

Do and Eric are planning a picnic for tomorrow. Do is being enthusiastic and optimistic, Eric cautious and wary. Combine expressions suitable to each of them from the two columns below with the suggested topics to make up the dialogue in which they plan the picnic, and express hopes, reservations, etc.

What they might discuss:

le pique-nique
le temps
arriver tôt au bord de la mer
l'état de la voiture
rentrer tôt
rater un film à la télé

Do j'aimerais bien que
je suis sûre que
il faut que
j'espère que
je crois que, je ne crois pas que
pourvu que

Eric il est temps que
j'ai peur que
à moins que
pour ne pas que
je ne veux pas que

10.5. Getting people to do things – using imperatives with pronouns

10.5.1. Recap

You already know that the imperative form is a means of expressing an order, a suggestion, an instruction or a request.

1. *Attendez!*
2. *Arrêtez de vous disputer, tous les deux!*
3. *Ferme la porte, s'il te plaît!*
4. *Faites un ragoût, c'est plus simple!*
5. *Laissez-moi parler!*
6. *Veuillez le demander aux renseignements!*
7. *Passe-le-moi!*
8. *Soyez gentil, faites-nous à manger!*
9. *Ne sois pas comme ça, donne-les-lui!*
10. *Ne les lui prête pas, tes cassettes!*

10.5.2. Expansion

As you can see from the examples above, it's quite rare to find an imperative standing on its own. It's much more likely to be followed by one or more pronouns. Again, it is the position of the pronouns we want to concentrate on here.

Statement	Negative imperative (order of *me* and *nous* doesn't change)	Imperative (order changes)
Tu me le passes, ce message?	*Ne me le passe pas!*	*Passe-le-moi!*
Alors, la fin du film, tu nous la racontes?	*Non! ne nous la raconte pas!*	*Si! raconte-la nous!*

Remember that after an imperative *me* becomes *moi* (see examples 5 and 7), and *te* becomes *toi*: *Tais-toi!*

NOTE In example 7 above, the order of pronouns is different from the one given in Unit 8 (see 8.4.2). The change happens only with *moi* and *nous*: for all the other pronouns, the word-order remains the same as that given in the earlier table.

Practice

Complete the following dialogues using direct and indirect pronouns in conjunction with imperatives.

1

LÉONIE Jean-Louis m'a encore demandé de lui prêter ma voiture, mais je n'ai pas tellement confiance en lui.

FRANÇOISE Alors, ... (ne pas prêter)

2

ISABELLE Bonjour, Léonie! Tu as besoin de ta voiture ce soir?

LÉONIE Non, pourquoi?

ISABELLE Chouette! ...

3

MME LEPIC Tu as l'air vraiment pas contente! Qu'est-ce qui ne va pas?

MME DUMUR C'est mon mari – je viens de lui acheter une belle robe de chambre pour son cadeau de Noël, mais il ne l'aime pas.

MME LEPIC C'est tout simple! Ne ...

4

ERIC Vous connaissez l'histoire du prêtre et de la jeune fille de bonne famille?

DO Oui, oui! On la connaît! Tu nous l'as racontée une bonne dizaine de fois!

DAVID Moi, je ne la connais pas. Allez, vas-y Eric, ...

5

DAVID Il faut absolument que je prête cette carte à Eric – il part demain en Provence. Comment est-ce que je vais faire?

DO Ce n'est pas compliqué! ... (apporter)

6

DAVID (*Au téléphone*) Alors comme je te l'ai déjà dit, tu peux aller passer quelques jours chez mes amis en Écosse. Tout est arrangé. Tu veux l'adresse?

DO Oui, ... (épeler)

7

ERIC Tu as vu le dernier film d'épouvante – celui qui a eu un prix au festival d'Avoriaz?

PHILIPPE Non. Je n'ai ni le temps ni l'argent.

ERIC Tu aurais pu louer une vidéo, tu sais. D'ailleurs, je crois bien que mes parents l'ont encore.

PHILIPPE Chouette, alors! Allez, ... (passer)

8

DO Tu sais, Christine, le chat d'Adèle a été écrasé ce matin. Je l'ai vu en sortant. Je ne sais pas quoi faire.

CHRISTINE Surtout, ne ... (dire)!

10.6. Infinitives

The infinitive is the form of a verb you find when you look it up in a dictionary. It rarely occurs alone, nearly always depending on another verb that precedes it. We concentrate here on how French uses an infinitive where English uses a variety of other forms, and then on some special uses of the infinitive.

10.6.1. Recap

French uses an infinitive here	English equivalents
1. *Faire revenir la viande.* (in a recipe)	Seal the meat.
Passer l'aspirateur. (in a list of things to do)	Do the hoovering. (imperatives)
Ne pas marcher sur le gazon. (on a notice)	Do not walk on the grass.
2. *Que faire?*	What are we to do? (English
Comment savoir?	How can we/one know? usually includes the person)
3. *C'est facile à dire.*	It's easy to do.
C'est difficile à faire.	It's difficult to say. (same structure)
4. *Maison à louer.* (a notice in a newspaper)	House to let.

10.6.2. Expansion

Now focus on the cases where French uses an infinitive while English has a present participle.

1. *Je le ferai <u>avant de sortir</u>.*	I'll do it before going out. (see 11.5)
Elle est partie <u>sans dire merci</u>.	She went without saying thank you. (see 4.6)
2. *Je l'ai acheté <u>après avoir vu le film</u>.*	I bought it having seen the film. (see 11.5)
Ce n'est pas la peine <u>d'y aller</u>.	It's not worth going there. (see 11.5)
3. *<u>Il s'agit d'embaucher</u> encore une serveuse.*	It's a question of hiring another waitress.
<u>Pas question d'aller</u> chercher Claire.	There's no question of going to fetch Claire.
(Oral shorthand for *Il n'est pas question de*)	
<u>Aucune raison de le faire</u>.	There's no reason for doing it.
<u>Pas moyen de te voir</u> ce soir	There's no way of seeing you tonight.
(Oral shorthand for *Il n'y a aucune raison de . . .* or *Il n'y a pas moyen de . . .*)	
4. *Je les <u>entends se disputer</u> tous les soirs.*	I hear them arguing every evening. (verbs of perception – see also 10.7.2.).
5. *Il a mis du temps <u>à le faire</u>.*	He spent quite some time doing it.
Elle a passé toute la soirée <u>à lire</u>.	She spent the whole evening reading.

6. *J'ai pensé lui téléphoner ce soir.*   I thought of ringing him tonight.
Elle m'a empêché de venir.   She stopped me from coming.
On adorait les voir.   We loved seeing them. (see 10.7.2.).

Practice

(a) Make a list of at least ten infinitives that you've come across in previous Units. (Try to decide WHY an infinitive is used in each case.)

(b) Write out a recipe a friend has asked you for. Make sure you warn her/him of things NOT to do . . .

(c) Jean-Pierre and Sylvie are discussing what to do – and what not to do – this coming weekend.

Use the information given in English to make up Jean-Pierre's half of the following conversation.

SYLVIE   Alors, Jean-Pierre, comment allons-nous passer ce weekend? Tu veux toujours aller au théâtre?

JEAN-PIERRE   (OK, if she likes, but he's a bit fed up with going to the theatre.)

SYLVIE   Mais tu m'as dit de réserver les places!

JEAN-PIERRE   (True, but they can always try to sell them (*revendre*) to friends. Why not stay in for a change?)

SYLVIE   A quoi faire?

JEAN-PIERRE   (Suggests two things, then suggests they do some cooking: they could then invite Philippe and Alain, whom they haven't seen for a long time.)

SYLVIE   Attends, avant de les inviter, pense à ce qui s'est passé la dernière fois!

JEAN-PIERRE   (Can't remember – then realizes she means when they spent the whole evening arguing, and left without thanking them.)

SYLVIE   Exactement! Vraiment, j'ai du mal à les comprendre ces deux-là. Et c'est affreux de penser qu'il n'y a que Philippe qui travaille. En plus, ils n'avaient rien apporté à boire.

JEAN-PIERRE   (That's true – in the end we decided not to invite them again.)

SYLVIE   Ça ne nous avance donc pas. Pas question de passer encore une soirée comme ça.

JEAN-PIERRE   (So what shall they do?)

SYLVIE   On reste là, si tu veux – c'est sûr que quelqu'un va passer nous voir. Pourvu que ce ne soit pas Philippe et Alain!

Now, in pairs, play in turn the roles of Jean-Pierre and Sylvie.

10.7. No preposition/'à'/'de' + Infinitive

10.7.1. Recap

> *Vous voulez laisser un message?*
> *Je vais demander à Do de le faire.*
> *Elle n'a pas réussi à téléphoner.*

Many French verbs that take an infinitive need a preposition – usually *à* or *de* before the infinitive. In most cases there is no fool-proof way of knowing which preposition is needed. You simply have to learn which verbs take which preposition – if any.

10.7.2. Expansion

No preposition

> *Attendez une petite minute que j'aille chercher un crayon.*
> *Vous auriez pu me le dire.*
> *Je ne peux pas faire deux choses à la fois.*
> *Tu dois venir quand je t'appelle.*
> *Tu sais nager?*

Here is the list of the most common verbs that are followed by an infinitive WITHOUT A PREPOSITION:

> *aller*
> *compter* (to count on doing something – *je compte le faire*)
> *devoir*
> *espérer*
> *faire* (refer to Unit 6 – p. 78)
> *laisser*
> *oser*
> *penser* (to be thinking of doing something – *je pense le faire*)
> *pouvoir*
> *préférer*
> *savoir*
> *sembler* (*elle semble hésiter*)
> *souhaiter*
> *venir* (but *venir de* + infinitive is something quite different – refer to 4.5.)
> *vouloir*

In all these cases the SUBJECT of the main verb will relate to the following infinitive.

> EXCEPTIONS
> verbs of perception:
> *Je vois venir David.*
> └_____↑
>
> *Je les entends se disputer tous les soirs.*
> └_____↑

Here, the infinitive relates to the OBJECT of the main verb.

NOTE The impersonal verbal expressions *il faut* and *il vaut mieux* are also followed by an infinitive without a preposition.

Verb + à + infinitive

> *J'ai appris à jouer du piano à l'âge de six ans.*
> *Elle commence enfin à comprendre.*
> *J'hésite à lui téléphoner.*

Here is a list of the commonest verbs followed by *à* + infinitive:

apprendre à	*hésiter à*
chercher à	*se mettre à*
commencer à	*persister à*
continuer à	*réussir à*
consentir à	*songer à*
se décider à	*tarder à*

Again, the SUBJECT of these verbs will relate to the following infinitive.

EXCEPTIONS

apprendre: Elle apprend à lire aux enfants (see 7.7)
inviter: Il invite Do à sortir.
condamner
forcer
autoriser

As before, the infinitive after these verbs relates to the OBJECT of the main verb.

Verb + de + infinitive

> *Elle refuse de faire ce que je dis.*
> *J'ai décidé d'accepter votre offre.*
> *Il essaye de lui plaire.*

In these cases, the SUBJECT of the verb relates to the following infinitive.

EXCEPTIONS

These are of two sorts, involving verbs taking indirect and direct objects respectively. But the pattern remains the same: in these cases, the infinitive relates to the OBJECT (indirect OR direct) of the main verb.

Verb (+ à + person) + *de*:	Verb (+ person) + *de*:
dire (à quelqu'un) de	*convaincre (quelqu'un) ... de*
conseiller (à quelqu'un) de	*empêcher (quelqu'un) ... de*
défendre ... de	*persuader ... de*
demander ... de	*prier ... de*
recommander ... de	*supplier ... de*
refuser ... de	
pardonner ... de	
permettre ... de	
promettre ... de	

Practice

(a) Go back to the reading passages in Units 3, 6 and 9. Then make a list of all the verbs followed by

  1. an infinitive without a preposition

2. *A* + infinitive

3. *De* + infinitive

(b) Complete the following passage by inserting the appropriate preposition (if any) in each space.

Un jeune homme heureux et réaliste

Pierre est un garçon privilégié. A dix-neuf ans il a 'intégré' H.E.C.* Il s'entend bien avec ses parents. 'J'ai de la chance . . . avoir des parents comme les miens. C'est en discutant avec mon père que j'ai décidé . . . faire H.E.C.'. Il ne regrette pas. Il a toujours fait ce qu'il avait envie . . . faire. Côté culture, Pierre a le sentiment . . . être moins cultivé que ses camarades et à l'en croire, il a du mal . . . écrire correctement en français.

A dix-neuf ans Pierre commence . . . vivre. H.E.C. lui en donne la possibilité. Le rythme n'est pas insoutenable et il a ainsi la possibilité . . . s'initier à divers sports – au parachutisme, par exemple.

Sa carrière à venir, Pierre la voit dans le marketing ou la publicité. Il souhaite . . . avoir un métier où l'innovation et le changement seront le lot quotidien. Ce qu'il souhaite, c'est une démarche pragmatique. La publicité? C'est une bonne chose, si ça fait . . . vendre. Le nucléaire? C'est indispensable, il faut . . . faire avec. Le commerce des armes? Il veut bien . . . admettre que c'est un problème délicat. Le 10 mai 1981 Pierre a voté à droite, mais il n'est pas mécontent du changement. Dans sa famille, tout le monde vote à droite. S'il a voté à droite, c'est surtout en raison des concours qui ne lui ont pas laissé le temps . . . y réfléchir à fond. 'Au fond, ajoute-t-il, ce que j'aurais aimé . . . faire, c'est . . . rayer les deux noms et . . . mettre les deux bulletins dans l'urne.'

Ce qui le tracasse tout de même, c'est que tous les gens intelligents qu'il rencontre sont à gauche. Pierre estime qu'il pourrait . . . évoluer vers une gauche raisonnable. Heureux? 'Oui, assez' dit Pierre avec un sourire.

* H.E.C. – Hautes Études Commerciales (It is a *grande école* preparing students to become the managers and administrators of commerce and industry.)

Le Monde de l'Éducation – Mai 1982
(adapted and abridged)

Finalement . . .

UNE GRANDE ENQUÊTE DIRIGÉE PAR JOSETTE ALIA

C'EST QUOI UN RICHE ?

C'EST QUOI UN VIEUX ?

PAS ÉTONNANT QUE LA FRANCE AIT VOTÉ À GAUCHE, DANS CE PAYS, IL N'Y A RIEN QUE DES JEUNES... ET PAS UN SEUL RICHE !...

Unit 11
La pendaison
de la crémaillère

FOCUS

In this unit you practise techniques of presenting an argument and reported speech,
you revise the past conditional and there is further work on the subjunctive.

Key words and phrases

passer devant M. le Maire   *au chômage*
les sacréments de l'Église   *le boulot*
un comportement   *l'X*
un engagement   *l'équilibre des forces*
l'union libre   *l'énergie nucléaire*
c'est comme si Mai 68 n'avait jamais existé   *la folie humaine*

○○ Dialogue

C'est la pendaison de la crémaillère (*house-warming party*) chez Do et
Régine. Elles ont invité tous leurs amis. Il est presque minuit et on entame
maintenant des sujets sérieux : l'éducation, le mariage, l'emploi, etc. . . .

PHILIPPE Le mariage, ça ne sert à rien! Passer devant M. Le Maire,
ce n'est pas ça qui va changer grand-chose aux rapports
d'un couple! C'est incroyable qu'on fasse encore ça de nos
jours!

RÉGINE Et les sacréments de l'Église? Tu t'en fous?

PHILIPPE Moi, je suis athée. Alors, les sacréments de l'Église, je
n'en veux pas.

CHRISTINE Je sais que pour moi le mariage, c'est important. Je ne sais
comment expliquer mais je crois que si je me mariais, ça
me changerait – ça changerait mon comportement.

DO Quoi?! Un petit bout de papier changerait ton

comportement ? J'avoue que je ne comprends pas !
Explique-toi !

CHRISTINE Ce n'est pas facile à expliquer. Ce que je veux dire, c'est
que le mariage c'est un engagement.

DO Vivre avec quelqu'un, c'est aussi un engagement.

CHRISTINE Je veux bien. Mais le mariage, c'est un engagement
public. C'est sérieux. C'est, pour moi, un serment
solennel fait devant la famille, les amis, les voisins ...

DAVID Et vivre avec quelqu'un, l'union libre si tu veux, ce n'est
pas aussi sérieux ?

ERIC Ce n'est pas ce qu'elle a dit, Christine ! Elle a dit que pour
elle le mariage était un engagement public et solennel.
Moi, je crois que c'est une question d'éducation.
...

DO Tiens, parlons-en de l'éducation ! C'est inadmissible
qu'on en soit toujours là ! C'est comme si Mai 68 n'avait
jamais existé ! Toujours aussi peu de profs, aussi peu de
bibliothèques, aussi peu de locaux. Les cours magistraux
existent toujours et les programmes, eux, n'ont pas
changé !

PHILIPPE Ça – c'est vrai. Et après trois ou quatre ans d'études, tu es
au chômage.

ERIC Ça dépend de la licence que tu obtiens à la fin de tes
études. Mon frère aîné n'a eu aucun mal à trouver du
boulot.

DO Évidemment, il a fait l'X ! Il avait sa place assurée avant de
terminer ! Ça, c'est bon pour une minorité d'étudiants – la
masse, elle, se retrouve au chômage ou bien doit accepter
des emplois sous-payés.

ERIC Toujours des généralités !

DO Tiens, ma sœur par exemple – malgré ses diplômes, et elle
en a pas mal – elle n'a pu obtenir qu'une place de gratte-
papier au Ministère de l'Environnement. Et encore, elle a
eu du pot ! Sur 60 étudiants à avoir fait russe à la
Sorbonne, moins de 20% ont trouvé du travail et moins
de 5% utilisent leur russe !

DAVID C'est pareil en Angleterre, le chômage des licenciés –
surtout en lettres et Sciences Humaines – ne cesse de
s'accroître.

DO Ce qui est révoltant, c'est qu'on nous critique pour un oui
ou pour un non, qu'on nous répète qu'il faut travailler dur
– si on veut, on peut etc. ... etc. ... mais à quoi bon ? On
n'a aucun avenir.

PHILIPPE Ouais ! C'est une société pourrie ! Tiens, ça ne
m'étonnerait pas s'ils la faisaient sauter un beau jour cette
société avec tous leurs engins nucléaires.

DAVID Moi, je suis contre les armes nucléaires.

ERIC Et l'équilibre des forces, alors? Tu t'en fous?

DAVID Non! Mais comment parler d'équilibre quand les deux superpuissances n'arrêtent pas leur course effrénée aux armements? Il faut que certains pays aient le courage de montrer l'exemple.

DO Ah! Mais attention! Il y a nucléaire et nucléaire – il ne faut pas tout mettre dans le même sac! D'une part il y a l'énergie nucléaire et c'est incontestable qu'on en ait besoin et d'autre part il y a l'armement nucléaire et ça je suis contre.

ERIC Tu te contredis. Tu ne peux pas être 'pour' et 'contre' le nucléaire à la fois!

DO Mais si justement. Les choses ne sont pas si simples que ça! D'ailleurs à propos de courage et d'exemple, il va de soi que la politique et les bons sentiments sont deux choses totalement différentes. Bref, ce qu'il faudrait, c'est obtenir des accords bilatéraux pour faire cesser cette folie humaine. Je ne sais plus quel philosophe a dit 'l'homme est l'ennemi de l'homme' – c'est très vrai.

. . .

RÉGINE Je ne veux pas être trouble-fête, mais il se fait tard et il y a des gens qui travaillent demain. Moi – par exemple – alors, il est temps que vous partiez!

DO A propos de travail, j'ai complètement oublié de te dire que la Poste a téléphoné. Ils ont dit qu'on n'aurait pas besoin de toi demain.

RÉGINE Comment ça, on n'aura pas besoin de moi demain, après m'avoir téléphoné deux fois pour me rappeler . . .

DO Attends! Laisse-moi finir . . . qu'on n'aurait pas besoin de toi demain matin mais demain après-midi, à 13 heures précises.

PHILIPPE Parfait! David, apporte le champagne, on a failli l'oublier! Et buvons à la santé des Jeunes!

DO Ouais! Aux Jeunes et à notre avenir!

ERIC Aux Jeunes! A nous, quoi!
(*Bruit de verres entrechoqués, rires, brouhaha général.*)

Vocabulary

La pendaison de la crémaillère – *house-warming party*
> La crémaillère, c'est la tige de fer à laquelle autrefois on accrochait le chaudron où l'on préparait la soupe. Si la crémaillère est pendue, c'est qu'on peut préparer la soupe et si l'on prépare la soupe, c'est qu'on a déménagé et que l'on est installé.

entamer = commencer

un engagement – *a commitment*

Mai 68 – en mai/juin 1968 les étudiants français se sont révoltés contre le gouvernement du Général de Gaulle. Ils ont manifesté dans la rue pendant plus de deux semaines soutenus par les syndicats et les partis politiques de gauche. Ils voulaient de meilleures conditions d'études, des programmes adaptés aux besoins de la société, plus de professeurs, plus de locaux, une démocratisation de l'enseignement supérieur et secondaire.

un cours magistral – *a lecture*
être au chômage = ne pas avoir de travail
le boulot (*fam.*) = le travail
l'X = abréviation pour Polytechnique – une des grandes écoles préparant des ingénieurs polytechniciens
la masse = (ici) la majorité
un gratte-papier = un fonctionnaire
elle a eu du pot! (*fam.*) = elle a eu de la chance!
tout est bouché – signifie qu'il y a très peu d'espoir de trouver du travail
l'équilibre des forces – *the balance of power*
course effrénée – *frantic race*
il ne faut pas tout mettre dans le même sac (*a saying*) – *you mustn't lump everything together*
être trouble-fête = être rabat-joie (*a kill-joy*)

Communicating

11.1. Arguing

11.1.1. Recap

In the discussion Do and her friends just had, they used various phrases and expressions that helped them develop their thoughts and arguments.

je sais que . . .	*à propos de . . .*
je ne sais comment expliquer . . .	*ce qu'il faut/faudrait, c'est . . .*
je crois que . . .	*alors . . .*
j'avoue que . . .	*parlons-en de . . .*
mais . . .	*ce que je veux dire, c'est que . . .*
je suis pour . . . (+noun)	*il va de soi que . . .*
je suis contre . . . (+noun)	*c'est incontestable que . . .*
comment parler de . . .	(+subjunctive)
d'une part . . . d'autre part . . .	*bref . . .*

11.1.2. Expansion

In the process of a discussion you go through different stages of giving your opinion, enumerating your arguments, trying to argue your case, sum it up and conclude. You may go through some or all of these stages.

11

Giving one's opinion
à mon avis . . .
(moi,) je pense que . . .
il me semble que . . .

Enumerating one's arguments
premièrement, deuxièmement
non seulement . . . mais encore
ce n'est pas tout

Trying to argue one's case
il est vrai que
    nécessaire
    certain
    sûr
    évident
    clair
bien entendu
certes
évidemment
cela prouve que
    démontre
    implique

Explaining one's arguments
je m'explique
c'est à dire
en d'autres termes
je veux dire que

Summing things up
voilà
pour résumer
pour tout dire
en somme

Concluding
donc
ainsi
finalement

Practice

OO   (a) Listen again to the dialogue and then in pairs practise Do's and Christine's arguments on marriage.

    (b) Still in pairs, give your opinion on marriage as opposed to living together (*l'union libre*) using the phrases and expressions given above.

    (c) Listen this time to Do's, Philippe's, Eric's and David's arguments on education and play their parts.

(d) Now, in pairs, discuss the view that 'a good education should lead to a good job', mentioning the question of unemployment among educated people today.

(e) **Improvisation/expression écrite**
Discuss (in writing) one of the following topics:
1. L'éducation – un droit pour tous?
2. L'université est-elle une usine à chômeurs?

Grammar

11.2. Referring to the past – revision of past conditional

You've learned how to talk about what MIGHT have happened in the past, using the pattern:

Si clause	Main clause
(*si* + pluperfect)	(past conditional)
(see 8.3)	

The exercise following gives you further practice in this form, and involves incorporating it in a WRITTEN text (a letter).

Practice

– '*Ah, si j'avais su . . . !*'

Emilie sits down to write to a friend lamenting her recent troubles:
1. She's passed up a good job
2. She's been burgled, and
3. She's just found out she's pregnant

Write her letter, elaborating on the prompts given below, and using the past conditional as much as possible.

1. Elle a refusé un poste de responsabilité à l'étranger et regrette sa décision:

   promotion rapide – voyages nombreux – gens différents – voiture neuve tous les ans – six semaines de congés payés

2. Elle est rentrée chez elle et a trouvé qu'elle a été cambriolée:

   porte défoncée – maison sens dessus dessous – télévision envolée – bijoux volés – tableaux abîmés – argenterie introuvable – vitres cassées

3. Elle se retrouve enceinte après une courte liaison d'été:

   conseils de ses amies – prendre des précautions – se renseigner auprès du Planning Familial

11.3. Reporting what was said

11.3.1. Recap

In the dialogue, Christine says:

Mais le mariage, c'est un engagement public – c'est sérieux. C'est, pour moi, un serment solennel fait devant la famille, les amis, les voisins . . .

Do's rejoinder is:

Et vivre avec quelqu'un, ce n'est pas aussi sérieux?

Eric feels that Do is misrepresenting what Christine said, and he interrupts:

Ce n'est pas ce qu'elle a dit! Elle a dit que pour elle le mariage était un engagement public et solennel.

11.3.2. Expansion

Look carefully at the changes in language between Christine's words and Eric's. He introduces his 'report' with *Elle a dit que . . .*, and the verb is changed from the present tense (*est*) to the imperfect (*était*).

Elle a dit que pour elle le mariage était un engagement public et solennel.
NOTE that French always needs to put in the word for 'that' (*que*) before the speaker's words are reported, whereas English can miss it out:

'She said for her marriage was a commitment.'

These are the guidelines for changing original words into indirect speech.

Direct	Indirect
Aujourd'hui, je travaille (present)	*Elle a dit qu'elle travaillait* (imperfect)
Ce soir, je vais au cinéma (present/future)	*Elle a dit qu'elle irait au cinéma* (present conditional)
Hier matin, je suis passée voir ma tante (perfect)	*Elle a dit qu'elle était passée voir sa tante* (pluperfect)

Practice

(a) David has just been on the phone to Do when Eric arrives and asks him what she's saying. Complete the following dialogue making up three or four excuses that Do might have used.

> ERIC Alors, tu as demandé à Do si elle pouvait sortir ce soir?
> DAVID Oui je viens de l'appeler. Elle ne peut pas.
> ERIC Vraiment et pourquoi? Qu'est-ce qu'elle a dit exactement?
> DAVID Elle a dit que . . .

(b) After the attempted bank-raid (Unit 4) the policeman compiled a completely inaccurate report, which is given below.
  1. Re-read the text of Unit 4.
  2. Read the report below, and compare the two.
  3. Find the policeman's errors, and write them down (in note form).
  4. Challenge the errors (you should find up to eight of them), and correct them.

EXEMPLE :
Elle n'a pas dit qu'ils avaient vu trois hommes traverser la rue mais *deux* hommes . . .

Rapport
En arrivant sur les lieux j'ai tout d'abord interrogé trois jeunes témoins, Mlle Dominique Lafarge, M. Eric Dudevant et M. David Green. D'après Mlle Lafarge ils marchaient en direction de Beaubourg quand ils ont vu trois hommes traverser la rue sans se presser. C'est alors que M. Green a entendu des coups de feu et que M. Dudevant a remarqué qu'ils étaient armés et a dit à ses amis de se coucher à plat ventre. C'est alors que Mlle Lafarge a précisé qu'ils portaient des lunettes et étaient tout en noir. Toujours d'après Mlle Lafarge l'un des gangsters boitait du pied gauche. Quelques instants plus tard ils disparaissaient dans une bouche de métro.

(c) 1. First listen to the dialogue, then make notes about Christine's holiday plans.

2. Do is having a chat with Philippe about holiday plans. He tells her of his plans to go away with Christine for two or three weeks to the South of France and then to Italy. Play the part of Do, and put Philippe right about Christine's real plans.

PHILIPPE Tu vas en Écosse chez des amis de David ? C'est sympa qu'ils t'aient invitée. Moi, je compte aller avec Christine dans le sud de la France et après deux semaines, passer en Italie où elle a de la famille.

DO Hein ? Partir avec Christine ? Ce n'est pas ce qu'elle m'a dit, à moi !

PHILIPPE Ah ! bon ! Mais on en a discuté il y a à peine une semaine ! Mais qu'est-ce qu'elle t'a dit au juste ?

DO Elle m'a dit que d'abord . . .
Ensuite elle a ajouté que . . .
Finalement pour tout te dire elle a précisé que . . .

11.4. Using the subjunctive – expressing an opinion

EXEMPLES :
    1. PHILIPPE C'est incroyable qu'on <u>fasse</u> encore ça de nos jours !
    2.   DO C'est inadmissible qu'on en <u>soit</u> toujours là !
    3.   DO C'est incontestable qu'on en <u>ait</u> besoin.

This is a very frequent use of the subjunctive. Each speaker uses it here to express a reaction to or an opinion about something. For example, in 1., Philippe expresses amazement that couples should still bother with a marriage ceremony, while in 2. and 3., Do expresses in turn her views on education and nuclear power. The 'formula' here is:
C'est (R1, R2)/*il est* (R3) + adjective + *que* + verb in the subjunctive.
Virtually any adjective that describes how you feel about something can be used : here is a list of common ones.

c'est/il est	*affreux*	*que*
	normal	
	dégoûtant	
	bien	
	surprenant	
	satisfaisant	
	incontestable	
	inadmissible	
	incroyable	

Practice

Below are a number of situations in which people could be expected to express strong feelings. Give your opinion, reacting in each case against the first opinion expressed.

1. Une équipe de footballeurs blancs va faire une tournée en Afrique du sud, où ils ne joueront que devant des spectateurs blancs.
   – Moi, je trouve ça tout à fait normal.
   – Normal! Moi, je trouve que c'est . . .

2. Un jeune couple décide de ne pas se marier avant d'avoir un enfant.
   – Pourquoi pas, après tout? On n'est plus au dix-neuvième siècle!
   – Comme tu veux, mais je dois dire . . .

3. Un chauffeur de taxi essaie de vous doubler dans une petite rue étroite.
   – Qu'est-ce qu'il y a? Il y avait assez de place pour vous deux, non?
   – Mais c'est dingue, ces taxis! C'est . . .

4. Vous apprenez dans le journal que beaucoup de prisonniers passent vingt-trois heures d'affilée enfermés dans leur cellule.
   – C'est dur, ça, mais c'est peut-être tout ce qu'ils méritent.
   – En voilà des idées réac! Au contraire, c'est . . .

5. Un ami vous parle d'un vieil homme dont le corps a été retrouvé dans son appartement: il n'y avait chez lui ni argent ni nourriture.
   – Dans une société libre, on ne peut tout de même pas surveiller tout le monde tout le temps.
   – Tu peux la garder, ta société libre! C'est tout simplement . . .

6. Le premier ministre annonce à la télé que les impôts augmenteront de dix pour cent au prochain budget.
   – Mais c'est bien! On pourra consacrer plus d'argent à la défense nationale.
   – Encore de tes idées rétrogrades! C'est . . .

7. Des amis à vous viennent d'adopter un jeune garçon de l'Assistance publique.
   – Il paraît que le gosse est bien content dans sa nouvelle famille.
   – Quelle chance qu'il a eue! C'est quand même . . .

8. Votre jeune frère (dix ans) vous avoue qu'il a déjà fumé des
cigarettes.
– Tu te rends compte – à son âge!
– Je sais, mais précisément, à cet âge-là . . .

Contrast and compare

11.5. Avant/Après

11.5.1. Recap – 'Avant de' + infinitive/'Après' + perfect infinitive

Il avait sa place assurée <u>avant de commencer</u>
<u>après m'avoir téléphoné</u> deux fois . . .
<u>après être partie</u>, elle est revenue furieuse.

Compare with English:
'He had a guaranteed position before he began'
'After ringing me twice . . .'
'After she had left, she came back again, very angry.'
The important thing here to remember is that both *avant de* and *après* are
followed by an infinitive. But *après* takes a perfect infinitive.

11.5.2. Expansion – 'Avant que'/'Après que'

Compare the following sentences:
1. *Elle est partie avant de finir son travail.*
2. *Elle est partie avant qu'il revienne.*
3. *Elle est partie après avoir fini son travail.*
4. *Elle est partie après qu'il est revenu.*

Subject same	Subject different
1. *Elle est partie <u>avant de finir</u> son travail.* 2. *Elle est partie <u>après avoir fini</u> son travail.*	3. *Elle est partie <u>avant qu'il revienne</u>.* 4. *Elle est partie <u>après qu'il est revenu</u>.*
Avant de + infinitive *Après* + past infinitive	*Avant que* + subjunctive *Après que* + indicative (Refer to 10.4.3.)

Practice

Translate the following sentences.
1. Before leaving the country, he went back to see her. As usual, she smiled
before speaking. After he'd told her what he was going to do, she stopped
smiling. When he'd gone, she phoned his best friend Rémy.

2. He walked quickly after leaving the office. He went past the cemetery, and turned left like she'd said. 'Here's the door', he thought. Before entering the building he checked the number on the door, then rushed upstairs. Having opened the door, he realized he was in the wrong place.

3. 'I must finish my work before going out', he'd told her. But that was at six o'clock! Where was Rémy? Before she reached the phone to call him somebody rang the door bell. After she'd opened it, she realized she should have thought before inviting him.

Unit 12
Deux pas en arrière, un pas en avant

Travail en profondeur

Tables and diagrams

Scanning a table is often a short cut to getting basic information.

(a) Let's see what information you can extract from table A entitled *Risques et nuisances.*

   1. Risks and harmful effects due to coal appear to be highest in every column – that of *accidents mortels* (fatal accidents), *maladies professionnelles* (occupational illnesses) and *décès induits par pollution* (deaths due to pollution).

   2. Risks and harmful effects from oil appear to be lowest for column 1 *accidents mortels* and column 2 *maladies professionnelles* but as high as coal for column 3 *décès induits par pollution.*

   3. Finally risks and nuisances due to nuclear energy appear to be lower than coal for column 1 but higher than oil – in fact twice as high as oil – they also appear to be lower than coal for column 2 but higher than oil. But as for column 3 nuclear energy is the lowest compared to coal and oil.

   4. What can we conclude from the table?
See if you can do it.

(a) A quoi sont dus les taux les plus élevés d'accidents mortels, de maladies professionnelles et de décès induits par pollution?

  (i) Au charbon
  (ii) Au pétrole
  (iii) Au nucléaire

A **Risques et nuisances**
(pour une production de 1 million de kilowatts/an)

	Accidents mortels (travailleurs)	Maladies professionn. (travailleurs)	Décès induits par pollution (rejets)
Charbon	1	1 à 7	1 à 100
Pétrole	0,2	0,02	1 à 100
Nucléaire	0,4*	0,8**	0,01 à 0,1

* Dont plus de la moitié liés aux chantiers de construction.
** Dont plus de la moitié liés à l'exploitation des mines d'uranium.
Sources : rapport Hugon.

(b) A quoi sont liés les taux les plus faibles d'accidents mortels et de maladies professionnelles?

  (i) Au charbon
 (ii) Au pétrole
(iii) Au nucléaire

(c) A quoi sont liés les taux les plus faibles de décès induits par pollution?

  (i) Au charbon
 (ii) Au pétrole
(iii) Au nucléaire

(b) Now let's look at diagram B and see what information you can get.

1. The atom i.e. nuclear energy is cheaper than any other energy resources – about 40% cheaper than coal, 30% cheaper than oil, etc . . .
2. The second best is coal – 50% cheaper than oil or wind and much cheaper than solar energy.
3. Solar energy is the most expensive to produce taking into account expenses in investment and exploitation.

(c) Taking into account the information you got from both the table (A) and the diagram (B) what can you conclude?

1. Quelle est l'énergie la moins chère à la production?
   (i) Le charbon
  (ii) Le pétrole
 (iii) Le nucléaire
2. Quelle est l'énergie produisant le moins de risques et de nuisances?
   (i) Le charbon   (ii) Le pétrole   (iii) Le nucléaire

B **Prix de revient du kilowattheure produit avec...**

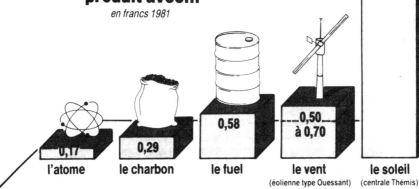

en francs 1981

Prix de revient incorporant les dépenses d'investissements, d'exploitation et de combustible (ce dernier est bien évidemment nul dans le cas de la centrale solaire et de l'éolienne). Il est calculé pour des installations modernes susceptibles d'être construites aujourd'hui.
Sources : Commission Péon et Électricité de France.

Practice

(a) Now look at text C, the *Sondage IFOP – Le Point* on nuclear energy. Then sum up the main points and answer the questions beginning on p. 155.

C

1 Personnellement, êtes-vous favorable ou opposé à la construction de nouvelles centrales nucléaires en France ?

	Ensemble	PC	PS	UDF	RPR
Tout à fait favorable	16 %	12 %	13 %	29 %	26 %
Plutôt favorable	29 %	27 %	26 %	44 %	45 %
Plutôt opposé	23 %	24 %	31 %	10 %	11 %
Tout à fait opposé	17 %	27 %	21 %	8 %	5 %
Ne se prononcent pas	15 %	10 %	9 %	9 %	13 %

2 Les pouvoirs publics viennent de « geler » certains sites sur lesquels il était prévu de construire une centrale nucléaire (c'est le cas à Golfech, à Cattenom, au Pèlerin, à Chooz, etc.). Pour l'instant, les travaux sont suspendus jusqu'au débat parlementaire qui doit avoir lieu en octobre. Personnellement, approuvez-vous ou désapprouvez-vous cette mesure ?

Approuvent	40 %
Désapprouvent	38 %
Ne se prononcent pas	22 %

3 Depuis plus de quinze ans, il y a des centrales nucléaires qui fonctionnent en France (par exemple à Chinon ou à Saint-Laurent-des-Eaux). En ce qui concerne ces centrales nucléaires qui fonctionnent depuis déjà longtemps, souhaitez-vous...

Qu'on les laisse fonctionner	77 %
Ou qu'on arrête leur fonctionnement	12 %
Ne se prononcent pas	11 %

4 Personnellement, seriez-vous disposé ou non à réduire votre consommation d'électricité pour éviter la construction de nouvelles centrales nucléaires ?

Est disposé	42 %
N'est pas disposé	47 %
Ne se prononcent pas	11 %

5 De ces deux solutions, laquelle aurait votre préférence ?

Construire des centrales nucléaires et produire une électricité plutôt bon marché pour les usagers	54 %
Renoncer aux centrales nucléaires et produire avec d'autres moyens une électricité revenant plus cher aux usagers	26 %
Ne se prononcent pas	20 %

6 *Un débat est prévu à l'Assemblée nationale dans le courant du mois d'octobre sur la politique gouvernementale dans le domaine de l'énergie ; au cours de ce débat on parlera du problème des centrales nucléaires. Personnellement, avez-vous l'intention de suivre ce débat...*

De très près	14 %
D'assez près	40 %
D'assez loin	25 %
De très loin	14 %
Ne se prononcent pas	7 %

7 *Les députés vous paraissent-ils qualifiés ou pas pour décider de l'arrêt ou de la continuation de la construction des centrales nucléaires ?*

Qualifiés	38 %
Pas qualifiés	36 %
Ne se prononcent pas	26 %

*Cette enquête
a été réalisée
par l'Ifop,
du 31 août au 5 septembre 1981,
auprès d'un échantillon
national représentatif
de la population française :
2 042 personnes
âgées de 18 ans et plus
ont été interrogées.*

8 *Certains estiment que le problème des centrales nucléaires en France doit être réglé par un référendum national. Souhaitez-vous ou non que soit organisé un référendum pour ou contre la construction des centrales nucléaires ?*

Souhaitent	64 %
Ne souhaitent pas	24 %
Ne se prononcent pas	12 %

9 *Des deux propositions suivantes, quelle est celle qui se rapproche le plus de ce que vous pensez ?*

Quels que soient les hommes au pouvoir, la France ne peut pas faire autrement que de produire une partie de son électricité avec des centrales nucléaires	45 %
Il y a d'autres choix possibles que celui des centrales nucléaires. Les socialistes doivent augmenter la part des sources non nucléaires dans la production d'électricité	41 %
Ne se prononcent pas	14 %

10 *Diriez-vous que vous êtes très bien, assez bien, assez mal ou très mal informé sur les centrales nucléaires ?*

Très bien informé	2 %
Assez bien informé	24 %
Assez mal informé	48 %
Très mal informé	22 %
Ne se prononcent pas	4 %

11 *Voici cinq inconvénients qu'on peut trouver aux centrales nucléaires. Pour chacun, est-il vrai ou pas ?*

	Vrai	Faux	Ne se prononcent pas
Un accident dans une centrale nucléaire peut faire autant de dégâts que l'explosion d'une bombe atomique	42 %	37 %	21 %
En cas d'accident dans une centrale, les conséquences sur la santé du public, du fait de la contamination, sont irréparables	58 %	18 %	24 %
On ne sait pas comment se débarrasser des déchets radio-actifs	65 %	17 %	18 %
La multiplication des centrales donne de plus en plus d'importance aux techniciens et aux technocrates. La démocratie n'a rien à y gagner	35 %	27 %	38 %
Les centrales nucléaires détruisent l'équilibre écologique des régions où elles sont implantées	51 %	29 %	20 %

12 *Approuvez-vous ou désapprouvez-vous l'action de protestation actuelle des écologistes contre les centrales nucléaires ?*

Approuvent tout à fait	20 %
Approuvent plutôt	28 %
Désapprouvent plutôt	22 %
Désapprouvent tout à fait	16 %
Ne se prononcent pas	14 %

13 *A votre avis, le gouvernement est-il uni ou divisé sur le problème des centrales nucléaires ?*

Il est uni	20 %
Il est divisé	51 %
Ne se prononcent pas	29 %

Vocabulary

une centrale nucléaire
les pouvoirs publics
les usagers
un débat
dans le courant du mois
être qualifié

un inconvénient
approuver/désapprouver
les déchets radioactifs
les technocrates
être implanté

1. Quelle est l'opinion des Français en ce qui concerne d'une part la construction de nouvelles centrales et d'autre part leur gel éventuel ou la fermeture des centrales en opération ?

2. Sont-ils prêts à faire des sacrifices/payer pour leurs principes?
3. Pensent-ils que les députés soient qualifiés pour prendre une décision sur la politique nucléaire de la France ou préfèreraient-ils qu'il y ait un référendum sur la question?
4. Approuvent-ils la politique des écologistes?
5. Y a-t-il d'autres choix que le nucléaire?
6. Des cinq inconvénients souvent cités à propos du nucléaire, lesquels sont vrais?

(b) Now look at article D, entitled *Hervé : pas de croix sur le nucléaire.*
   1. First read the article carefully.
   2. Explain the following sentences:
     (a) Il faut réconcilier démocratie et énergie.
     (b) On me dira que nous ne sommes pas allés assez loin.
     (c) Nous ne pouvons pas faire aujourd'hui une croix sur le nucléaire.
     (d) Ce n'est ni économiquement, ni scientifiquement, ni politiquement possible.
     (e) Il faudra du courage pour expliquer cela aux députés et aux Français à qui l'on a raconté le contraire.

D

Hervé : pas de croix sur le nucléaire

Ce lundi, à onze heures, au cours d'un comité interministériel présidé par Pierre Mauroy, Edmond Hervé, ministre de l'Énergie, explique sa politique à ses collègues et prépare avec eux le conseil des ministres de mercredi qui devra l'adopter. « *Parce qu'il faut réconcilier démocratie et énergie, nous avons voulu ouvrir grand le dossier,* confie-t-il au *Point. Ainsi avons-nous reçu trente-trois associations ou organismes — des Amis de la Terre au CNPF — avant de nous faire une opinion. Et je peux vous certifier que le débat,parlementaire qui aura lieu les 6 et 7 octobre sera un vrai débat, sanctionné par un vote...*

» *Je sais aussi que je vais être critiqué sur plusieurs points, à commencer par les énergies nouvelles et les économies d'énergie. On me dira que nous ne sommes pas allés assez loin. Et pourtant ! Pour tenir les* seuls objectifs d'économies du rapport Hugon, il faudra investir cinquante milliards de francs par an... Nous ne pouvons pas faire, aujourd'hui, une croix sur le nucléaire. Ce n'est ni économiquement, ni scientifiquement, ni politiquement possible. Il est trop important que nous maîtrisions, en le réduisant, le recours au pétrole. »

Il faudra du courage à Edmond Hervé pour expliquer cela aux députés et aux Français à qui l'on a raconté le contraire... ●

Edmond Hervé

3. Develop Do's arguments that *il y a nucléaire et nucléaire . . . l'énergie nucléaire on en a besoin* and using what the Ministre de l'Énergie told the newspaper *Le Point* together with the information gathered from the table and diagram above, make a case for nuclear energy. Use the following vocabulary if you need to.

D'après le rapport Hugon, on peut voir . . .
Quant à la commission Péon et Électricité de France, elle souligne que . . .
Il est clair/évident que . . .
On peut conclure que . . .

Le savoir-lire

'En vert et contre tous'

(a) Lisez attentivement le texte des écologistes intitulé 'Les cinq axes du programme' à la page 158. Utilisez un dictionnaire si besoin est.

(b) Reprenez les arguments-clés des écologistes pour:
1. Protéger la vie
2. Briser la solitude
3. Domestiquer l'économie
4. Développer la solidarité nationale
5. (Avoir) l'état minimum

Aidez-vous des suggestions suivantes:

1. *Pollution de l'air et de l'eau*
mauvaise alimentation
bruit – conditions de vie et de travail
protection de la nature
agriculture diversifiée
meilleure politique énergétique

2. *Les problèmes de logement et de travail*
la fatigue des transports
choisir sa vie, ses horaires, son temps de travail et de loisir
épanouissement de la vie sociale

3. *Chômage et inflation*
pour l'économie du bien-être
produire utile pour consommer mieux
réduction du temps de travail
augmentation du 'pouvoir de vivre'
consulter la population sur les grands choix du futur

4. *Une Europe des régions*
relations plus justes avec le Tiers-Monde
hostiles à la force de frappe
désarmement nucléaire immédiat
défense civile prise en charge par la population

EN VERT ET CONTRE TOUS

LES CINQ AXES DU PROGRAMME

Protéger la vie

Le monde vivant est menacé. Notre santé à tous est mise en péril par les pollutions de l'air et de l'eau, l'alimentation déséquilibrée, le bruit, les conditions de vie et de travail.

Les écologistes proposent une politique active de protection de la nature par la démocratisation des enquêtes d'utilité publique. Ils veulent une agriculture diversifiée et autonome, une politique énergétique fondée sur les économies d'énergie et les énergies douces.

— *Chaque année, 50 000 hectares de terres agricoles — la superficie de cinquante communes — disparaissent sous le béton et le goudron.*
— *40 % des espèces animales et végétales de France sont menacées de disparition dans les prochaines années.*

Briser la solitude

Les problèmes de logement et de travail, la fatigue des transports, rendent de plus en plus difficile une vie personnelle et familiale décente. Nous n'avons plus le temps.

Chacun doit pouvoir choisir sa vie, ses horaires, son temps de travail et de loisir. L'urbanisme doit respecter la dimension humaine. Contre la compétition incessante et la loi de l'économie, les écologistes choisissent l'épanouissement de la vie sociale, l'initiative personnelle, l'expérimentation sociale.

— *Plus les logements sont petits, plus les enfants reçoivent des claques.*
— *En 1990, un Français sur deux va vivre dans une banlieue.*

Domestiquer l'économie

L'économie du gaspillage s'effondre, provoquant le chômage et l'inflation. Les écologistes proposent quatre priorités pour développer l'économie du bien-être :
— Produire utile pour consommer mieux, en augmentant la durée de vie des produits et en renforçant le pouvoir des associations de consommateurs.
— **Partager l'emploi et le travail**, en réduisant fortement la durée du travail salarié, avec maintien des salaires pour les plus basses rémunérations.
— Augmenter le « pouvoir de vivre » plutôt que le pouvoir d'achat, en donnant aux Français les moyens d'être plus autonomes.
— Choisir le progrès en consultant la population sur les grands choix technologiques qui engagent l'avenir.
Priorité à un essor maîtrisé de la micro-informatique, des énergies douces et de la biologie.

— *Un plan intensif d'économies d'énergie permet de gagner autant d'énergie que l'actuel programme nucléaire, tout en créant 600 000 emplois en trois ans.*
— *les accidents de la route coûtent chaque année l'équivalent de trois semaines de travail.*

Développer la solidarité mondiale

Notre planète est petite et fragile. Les pollutions ignorent les frontières. Les Etats-nations sont trop grands pour les problèmes de la vie de tous les jours, trop petits pour les grandes questions internationales.

Les écologistes veulent une Europe des régions, l'établissement de relations plus justes avec le tiers monde fondées sur un développement autonome des pays pauvres. Hostiles comme la majorité des Français à la force de frappe, ils proposent un désarmement nucléaire immédiat de la France et une défense civile prise en charge par l'ensemble de la population. Pour défendre notre territoire, il faut avant tout réduire sa vulnérabilité.

— *50 millions d'êtres humains — la population de la France — meurent de faim chaque année dans le monde.*
— *La France est le premier vendeur d'armes de la planète par habitant.*

---

5. *Décentralisation des institutions de la France*
renouvellement et enrichissement de la démocratie
maximum de pouvoir au peuple français à tous les niveaux : local, régional, national

(c) Référez-vous aux *12 mesures d'urgence* des écologistes (à la page 159) et développez leurs arguments concernant :
   1. L'énergie nucléaire
   2. La force de frappe

L'Etat minimum

Les institutions de la France sont trop centralisées. L'Elysée concentre tous les pouvoirs. Les élus n'ont plus les moyens de remplir leur tâche. Une technocratie prend toutes les décisions importantes au mépris de l'avis de la population.

Les écologistes proposent un renouvellement et un enrichissement de la démocratie. Il faut instituer une VIe République, donnant un maximum de pouvoirs aux collectivités locales, aux régions et aux citoyens ,qui doivent pouvoir intervenir directement dans les décisions.

— La loi de juillet 1978 sur l'accès du public aux documents administratifs n'est pas appliquée.
— Les animateurs des radios libres (auxquelles 63 % des Français sont favorables) sont pourchassés par la police et poursuivis devant les tribunaux.

12 MESURES D'URGENCE

Notre vie, c'est notre affaire.
Un président de la République
n'a pas à la gérer.
Mais il peut lever
certains obstacles institutionnels
qui s'opposent
à notre épanouissement,
à notre sécurité,
à notre pouvoir de vivre.

1
Arrêt de l'industrie nucléaire, développement des économies d'énergie et des énergies renouvelables.

2
Réunion d'une conférence européenne pour la réduction concertée du temps de travail.

3
Conservation de toutes les terres cultivables (sauvegarde du Larzac, abandon des projets autoroutiers, des mines d'uranium et du canal à grand gabarit).

4
Abandon de la force de frappe nucléaire. Mise en place d'une véritable défense civile.

5
Arrêt des ventes d'armes et reconversion des industries concernées.

6
Réforme constitutionnelle instituant des référendums d'initiative populaire aux niveaux local, régional, national.

7
Election des assemblées régionales au suffrage universel avec suppression des préfets.

8
Représentation proportionnelle, limitation du cumul des mandats, contrôle public des dépenses électorales.

9
Possibilité pour les citoyens d'attribuer jusqu'à 5 % de leurs impôts à des associations d'intérêt général.

10
Création d'un organisme indépendant d'évaluation et de contrôle des choix techniques.

11
Suppression de la Cour de sûreté de l'Etat.

12
Fin du monopole de la radio et de la télévision.

3. La démocratisation des institutions de la France
4. La conservation des terres
5. Les média

(d) Et maintenant faites un bref discours CONTRE l'énergie nucléaire.

(e) Vous êtes chargé(e) d'écrire un tract contre l'énergie nucléaire. Rédigez-le en prenant soin de souligner à grands traits les 3/4 points les plus importants à faire.

12

A l'écoute!

This section deals with marriage and divorce trends in France from 1970 onwards. First gather as much information as possible before discussing these topics.

○○ Les informations sur RTL (Radio Télé Luxembourg)

(a) First listen to the news on RTL concerning marriage and divorce trends in France.

(b) Now choose the right answer in each case:
1. Dans les années 70, le mariage était de
   (a) 400 000
   (b) 401 000
2. Il y a encore dix ans, le pourcentage des jeunes femmes qui se mariaient, était de
   (a) 95%
   (b) 85%
3. En 1982, le nombre des mariages est passé à
   (a) 302 000
   (b) 312 000
4. Le pourcentage des jeunes filles nées entre 1955 et 1959 qui se marient va tomber à
   (a) 80%/70%
   (b) 40%/60%
5. L'augmentation des divorces touche
   (a) 1 couple sur 5
   (b) 1 couple sur 20
6. L'union libre en moins de 20 ans a
   (a) doublé
   (b) triplé

(c) Listen again to the news on RTL, making notes as you listen.

○○ Interview avec Maître Leroy

(a) First listen to Maître Leroy (*avocat*) giving his views on marriage and divorce trends in France.
(b) Now make a list of facts about *mariage, union libre et divorce* on the one hand, and a list of the reasons for *mariage, union libre et divorce* on the other hand.

Le sondage de l'Express

(a) First look at the survey *Mariage: les réponses des lecteurs de l'Express* – carried out by the newspaper *L'Express* in the late 70s – read it carefully.

(*Continued on page 162.*)

Mariage : les réponses des lecteurs de L'Express

1. L'âge des mariés

	LUI	ELLE
■ 17 ans ou moins	....	1,38%
■ de 18 à 23 ans........	54,73%	75,48%
■ de 24 à 26 ans........	28,96%	16,20%
■ 27 ans ou plus	16,29%	6,94%

Age moyen **LUI: 23 ans, 9 mois, 21 jours**
ELLE: 21 ans, 10 mois, 15 jours

2. La décision

Depuis combien de temps vous connaissez-vous?
- ■ 6 mois ou moins **3,36%**
- ■ entre 6 mois et 2 ans **51,30%**
- ■ entre 2 et 5 ans **39,62%**
- ■ plus de 5 ans **5,72%**

3. La religion

Vous mariez-vous religieusement?
OUI.................................. **89%**
NON.................................. **11%**

	LUI	ELLE
si oui		
■ par conviction personnelle.............	64%	74%
■ parce que vos parents le souhaitent........	36%	26%

4. Le mariage, pourquoi?

Pour chacune de ces affirmations, dites si vous êtes plutôt d'accord ou plutôt pas d'accord:

a) quand un homme et une femme veulent vivre ensemble, ils doivent se marier pour respecter les règles morales et religieuses.

	LUI	ELLE
■ plutôt d'accord......	38%	42%
■ plutôt pas d'accord ..	63%	58%

b) le mariage est une simple formalité juridique qui permet à un couple de vivre en conformité avec les habitudes de la société.

	LUI	ELLE
■ plutôt d'accord......	64%	60%
■ plutôt pas d'accord ..	36%	40%

c) le mariage est un acte inutile lorsqu'un couple ne veut pas avoir d'enfants.

	LUI	ELLE
■ plutôt d'accord......	32%	30%
■ plutôt pas d'accord ..	68%	70%

5. Les enfants

Avez-vous décidé d'avoir des enfants?
OUI.......... **89%**   NON.......... **3%**

si oui, combien?	LUI	ELLE
1	16%	7%
2	53%	60%
3	25%	27%
plus	7%	6%

6. Le divorce

Vous allez vous marier. Est-ce que, aujourd'hui, pour vous, le divorce est

	LUI	ELLE
■ une perspective exclue parce que vous en condamnez le principe ...	7%	5%
■ une perspective exclue parce que vous avez la certitude que votre couple durera toute la vie	47%	47%
■ une éventualité que vous redoutez, mais que vous n'excluez pas	38%	41%
■ une éventualité que vous ne redoutez pas.....	8%	7%

(b) Now choose the right answer in each case:
  1. L'âge moyen des jeunes mariés est de
   (a) 24 à 26 ans
   (b) 18 à 23 ans

  2. Avant de se marier, les jeunes se connaissent depuis
   (a) plus de 2 ans
   (b) moins de 2 ans

  3. Ils se marient plus
   (a) par conviction personnelle
   (b) pour faire plaisir aux parents

  4. Ils se marient plus
   (a) pour respecter les règles morales et religieuses
   (b) par simple formalité juridique

  5. Ils pensent que le nombre d'enfants idéal est de
   (a) 3
   (b) 2

  6. Les jeunes considèrent que le divorce est plus
   (a) une éventualité non redoutée
   (b) une perspective exclue parce que leur amour durera

(c) Discussion

Now using all the information you've gathered from the news on RTL, the interview with Maître Leroy and the newspaper poll
  1. Talk about divorce/marriage trends in France since the 70s
  2. Compare with divorce/marriage trends in Britain.

Answers to the diagnostic test

1(a)
1. du café
2. du thé
3. de l'essence
4. le plein d'essence
5. du jardinage
6. du nescafé, du thé
7. de whisky
8. de nouveaux disques
9. des petits pains
10. la plupart des gens
11. bien des hommes
12. de l'argent

1(b)
1. Elle est française.
2. Il est catholique.
3. C'est un bon dentiste.
4. Elle est professeur.
5. C'est une drôle de fille.

2(a)
1. Elle a les yeux bleus.
2. Il porte des chaussures marron.
3. J'aime le vert.
4. Cette robe est vert clair.
5. Il a les cheveux argentés/gris argenté.

2(b)
1. C'est un grand immeuble.
2. C'est une maison neuve.
3. C'est un gentil garçon.
4. Je n'aime pas les longs discours.
5. C'est un livre intéressant.
6. Elle n'a jamais les mains propres.
7. Voilà des fleurs rouges.
8. Il habite une jolie maison blanche.
9. Elle a quatre grands garçons.
10. Tu es une vilaine fille.
11. C'est une enfant intelligente.
12. C'est mon premier livre de lecture.

3(a)
1. J'ai rencontré
2. Il a commencé
3. Je mangeais

4. J'ai habité
5. J'ai travaillé
6. Elle apprend
7. J'ai fait
8. J'étais ... quand tu as sonné
9. Il travaille
10. J'étais ... je militais
11. Je suis passé(e) ... tu n'étais pas là
12. Je rêvais

3(b)
1. J'écoute
2. nous prendrons
3. se lève
4. Tu es libre
5. Je pars
6. Elle habitera ... dès qu'elle aura
7. J'irai
8. Je passerai ... dès que je pourrai
9. quand j'aurai ... j'achèterai
10 Je suis
11 Si tu peux
12 Il ira

3(c)
1. S'il pleut, je resterai chez moi.
2. Viens dîner, si tu veux.
3. Si j'étais vous, je ne ferais pas ça.
4. Si je peux, je t'aiderai.
5 Si j'ai le temps, je ferai un tour avant le dîner.
6. Je t'aiderais si je le pouvais.
7. Je resterais si tu le voulais.
8. Si tu voulais, il te donnerait tout ce que tu désires.

3(d)
1. Il faut que je parte.
2 Il se peut qu'ils réussissent.
3. Je ne crois pas qu'elle ait raison.
4 J'espère qu'il viendra.
5. Je pense qu'elle dit la vérité.
6. Il veut qu'elle soit instruite.
7. Elle est ravie qu'il ait tort.
8. J'aimerais bien qu'il fasse enfin quelque chose.

9. Je le répéterai jusqu'à ce que tu comprennes.
10. Je travaille pour qu'elle puisse se reposer.

4(a) 1. Je l'ai vue hier.
2. Je ne lui parle plus.
3. Je ne les ai pas vus.
4. J'y vais.
5. Il lui téléphone.
6. Elle en est sortie.
7. J'en ai deux.
8. Tu en veux.

4(b) 1. Je le lui ai prêté.
2. Elle ne me les a pas rendus.
3. Il leur en a offert.
4. Il me l'a donnée.
5. Je viens de les retrouver.
6. Tu peux m'en acheter une?
7. Il ne l'a pas laissé passer.
8. Va le chercher, il les fera entrer.
9. Tu l'as vue sortir?
10. Envoyez-les-leur.
11. Donne m'en.
12. Ne les lui prête pas.

4(c) 1. Je sais ce que je veux.
2. Je ne sais pas ce qui se passe dans sa tête.
3. Si elle veut réussir, elle sait ce qui lui reste à faire.
4. Je vais vous dire ce qu'elle aimerait avoir.
5. C'est le bonheur qu'elle lui souhaite.
6. C'est la fille qui a tué père et mère.
7. C'est la robe que je veux.
8. Ce que tu veux, c'est précisément ce qui l'agace.

5 1. Une table en bois.
2. Il a un cœur de glace.
3. Un moulin à café.
4. J'aime les tasses à café qui sont petites.

5. Encore une tasse de thé?
6. Il travaille chez Citroën.
7. Tu aimes ma robe en/de laine?
8. Il aimerait s'acheter un manteau en/de fourrure!

6 1. de fumer
2. chanter
3. en lisant
4. rentrée
5. après avoir fait
6. avant d'entrer
7. être ou ne pas être
8. sachant
9. sans dire
10. comment savoir

7 1. le camion
2. la main
3. la mode
4. le mode
5. le musée
6. la beauté
7. l'entrée (f.)
8. le silence
9. le verre
10. la sentinelle
11. le beurre
12. l'âge (m.)
13. l'eau (f.)
14. l'exemple (m.)
15. la jument
16. la dent
17. le langage
18. l'image (f.)
19. le signe
20. la poignée

8 1. l'évènement
2. aiguë
3. l'intérêt
4. espérer
5. le rôti
6. le côté
7. la serrure
8. déjà

Answers to puzzles, etc.

Unit 4

Le jeu des synonymes

1. Interroger
2. Mentir
3. Pouvoir
4. Rougir
5. Entrer
6. Sauter
7. Sautiller
8. Interdire
9. Oser
10. Nier
11. Naître
12. Être
13. Remercier

The verb to be found is
IMPRESSIONNER.

Unit 7

Le jeu des contraires

1. Beau
2. Excitant
3. Admirable
4. Unique
5. Bizarre
6. Original
7. Utile
8. Récent
9. Grand

The word to be found is
BEAUBOURG.

Unit 8

Practice (a) – Translations

1. Tu peux rentrer la voiture au garage?
2. Enlève ton manteau!
3. Si tu veux, prends une douche.
4. Il l'a sortie hier soir.
5. Tu peux nous raccompagner?
6. Tu peux apporter mon manteau au nettoyage, s'il te plaît?
7. Tu nous emmènes au cinéma?
8. Repas à emporter.

Common irregular verbs

Infinitive	Imperative	Present	Imperfect	Future and Conditional	Present Subjunctive	Perfect
aller	va allons allez	vais vas va allons allez vont	allais allais allait allions alliez allaient	irai, irais	aille ailles aille allions alliez aillent	suis allé(e)
s'asseoir	assieds-toi asseyons-nous asseyez-vous	m'assieds	m'asseyais	m'assiérai, m'assiérais	m'asseye asseyes asseye asseyions asseyiez asseyent	me suis assis(e)
avoir	aie ayons ayez	ai as a avons avez ont	avais avais avait	aurai, aurais	aie aies ait ayons ayez aient	ai eu
boire	bois buvons buvez	bois bois boit buvons buvez boivent	buvais	boirai, boirais	boive boives boive buvions buviez boivent	ai bu
conduire	conduis conduisons conduisez	conduis conduis conduit conduisons conduisez conduisent	conduisais	conduirai, conduirais	conduise conduises conduise conduisions conduisiez conduisent	ai conduit
connaître	connais connaissons connaissez	connais connais connaît connaissons connaissez connaissent	connaissais	connaîtrai, connaîtrais	connaisse connaisses connaisse connaissions connaissiez connaissent	ai connu
courir	cours courons courez	cours cours court courons courez courent	courais	courrai, courrais	coure coures coure courions couriez courent	ai couru

Infinitive	Imperative	Present	Imperfect	Future and Conditional	Present Subjunctive	Perfect
croire	crois croyons croyez	crois crois croit croyons croyez croient	croyais	croirai croirais	croie croies croie croyions croyiez croient	ai cru
devoir	dois devons devez	dois dois doit devons devez doivent	devais	devrai, devrais	doive doives doive devions deviez doivent	ai dû
dire	dis disons dites	dis dis dit disons dites disent	disais	devrai, devrais	dise dises dise disions disiez disent	ai dit
dormir	dors dormons dormez	dors dors dort dormons dormez dorment	dormais	dormirai, dormirais	dorme dormes dorme dormions dormiez dorment	ai dormi
écrire	écris écrivons écrivez	écris écris écrit écrivons écrivez écrivent	écrivais	écrirai écrirais	écrive écrives écrive écrivions écriviez écrivent	ai écrit
envoyer	envoie envoyons envoyez	envoie envoies envoie envoyons envoyez envoient	envoyais	enverrai, enverrais	envoie envoies envoie envoyions envoyiez envoient	ai envoyé
être	sois soyons soyez	suis es est sommes êtes sont	étais	serai, serais	sois sois soit soyons soyez soient	ai été
faire	fais faisons faites	fais fais fait faisons faites font	faisais	ferai, ferais	fasse fasses fasse fassions fassiez fassent	ai fait

Infinitive	Imperative	Present	Imperfect	Future and Conditional	Present Subjunctive	Perfect
falloir	–	il faut	il fallait	il faudra, il faudrait	il faille	il a fallu
lire	lis lisons lisez	lis lis lit lisons lisez lisent	lisais	lirai, lirais	lise lises lise lisions lisiez lisent	ai lu
mettre	mets mettons mettez	mets mets met mettons mettez mettent	mettais	mettrai, mettrais	mette mettes mette mettions mettiez mettent	ai mis
ouvrir	ouvre ouvrons ouvrez	ouvre ouvres ouvre ouvrons ouvrez ouvrent	ouvrais	ouvrirai, ouvrirais	ouvre ouvres ouvre ouvrions ouvriez ouvrent	ai ouvert
plaire	plais plaisons plaisez	plais plais plaît plaisons plaisez plaisent	plaisais	plairai, plairais	plaise plaises plaise plaisions plaisiez plaisent	ai plu
pleuvoir	—	il pleut	il pleuvait	il pleuvra, il pleuvrait	il pleuve	il a plu
pouvoir	—	peux peux peut pouvons pouvez peuvent	pouvais	pourrai pourrais	puisse puisses puisse puissions puissiez puissent	ai pu
prendre	prends prenons prenez	prends prends prend prenons prenez prennent	prenais	prendrai, prendrais	prenne prennes prenne prenions preniez prennent	ai pris
recevoir	reçois recevons recevez	reçois reçois reçoit recevons recevez reçoivent	recevais	recevrai, recevrais	reçoive reçoives reçoive recevions receviez reçoivent	ai reçu

Infinitive	Imperative	Present	Imperfect	Future and Conditional	Present Subjunctive	Perfect
savoir	sais sachons sachez	sais sais sait savons savez savent	savais	saurai, saurais	sache saches sache sachions sachiez sachent	ai su
sortir	sors sortons sortez	sors sors sort sortons sortez sortent	sortais	sortirai, sortirais	sorte sortes sorte sortions sortions sortent	suis sorti(e)
suivre	suis suivons suivez	suis suis suit suivons suivez suivent	suivais	suivrai, suivrais	suive suives suive suivions suiviez suivent	ai suivi
valoir	—	il vaut	il valait	il vaudra, il vaudrait	il vaille	il a valu
venir	viens venons venez	viens viens vient venons venez viennent	venais	viendrai, viendrais	vienne viennes vienne venions veniez viennent	suis venu(e)
voir	vois voyons voyez	vois vois voit voyons voyez voient	voyais	verrai, verrais	voie voies voie voyions voyiez voient	ai vu
vouloir	veuille veuillons veuillez	veux veux veut voulons voulez veulent	voulais	voudrai, voudrais	veuille veuilles veuille voulions vouliez veuillent	ai voulu

Index of grammar and usage